LE BONHEUR, SA DENT DOUCE À LA MORT

Barbara Cassin
de l'Académie française

avec la collaboration de Victor Legendre

Le bonheur, sa dent douce à la mort

Autobiographie philosophique

Fayard

Couverture : Hokus Pokus
Illustration de couverture : *Portrait de Baba*
par Hélène Caroli-Cassin
ISBN : 978-2-213-71309-0
Dépôt légal : août 2020
© Librairie Arthème Fayard, 2020

« Le bonheur ! Sa dent, douce à la mort,
m'avertissait au chant du coq,
– *ad matutinum*, au *Christus venit* –
dans les plus sombres villes ! »
Arthur Rimbaud

Présentation

De l'anecdote à l'idée

Les aléas de l'existence, souvent des choses très banales, un mot d'enfant, une histoire que ma mère m'a racontée pour voir mes yeux quand elle faisait mon portrait, les mots d'accueil d'un homme, une phrase, toujours une phrase : voilà que cela cristallise et génère un bout de savoir d'un autre ordre, quelque chose comme un concept, une idée philosophique. Comment procède-t-on parfois, certaines fois et non d'autres, de manière imprévue et précise, comme autoritaire, de la vie à la pensée ?

Un souvenir m'a suffi pour comprendre ce que je voulais capter. Passant à côté de Samuel, mon fils tout petit qui s'accrochait au radiateur pour tenir debout devant le mur recouvert de miroirs, je lui dis : « Toi, tu pues, tu as fait dans ta culotte. » Il me répond distinctement : « Non, maman. » Puis il se tourne face aux miroirs et dit : « Menteur ! » Qu'est-ce qui s'invente là de la vérité, qui fait qu'elle ne sera plus unique ni majuscule ? La Vérité avec un grand V ? Très peu pour moi. Comment l'exiger ou même la désirer ?

De l'anecdote à l'idée. Voilà ce que j'essaie de cerner dans cette autobiographie philosophique. Elle s'est faite en parlant à mon autre fils, Victor.

Je me souviens, je ne me souviens pas. Il y a tant de charme, mais aussi tant de ruse dans ce dont on choisit de se souvenir. Ces phrases sont comme des noms propres, elles titrent les souvenirs. Quand j'en parle, quand je parle, je comprends pourquoi et comment elles m'ont fait vivre-et-penser. Si dures soient-elles parfois, elles donnent accès à la tonalité du bonheur.

I

COMMENT TU T'APPELLES ?

– Sur la famille, l'argent, la religion, la vérité,
ou les Caroli, les Cassin, les Legendre –

« VOUS AVEZ LES PLUS BELLES JAMBES DU MONDE. VOUS SEREZ MA FEMME OU MA MAÎTRESSE »

Pas ça pas moi

De mon enfance, je retiens que tout est possible : c'est à mon avis la meilleure définition de l'amour et de la famille. J'en retiens non moins fermement qu'on y acquiert la certitude de ce qu'on ne veut pas être. Pas ça pas moi. Il y va pour moi de la tournure qu'a prise la vérité : un refus de l'Un, de l'Universel, au profit d'une connivence avec le *pseudos*, faux-mensonge-fiction. Vérités fausses et charmées, dites.

Je me suis toujours sentie aimée. J'étais la petite dernière. Ma sœur a quinze ans de plus que moi et mon frère sept. Ils sont nés avant guerre, moi après. La première composante de mon bonheur, c'est d'avoir su (comment, je ne sais pas) que j'incarnais le bonheur de mes parents à être encore en vie après la guerre. Ma mère m'a eue très tard pour l'époque, un peu avant quarante ans. Elle était en même temps ma mère, ma grand-mère et mon amie. Mon père chérissait ce tardillon, preuve de vie.

Ils s'étaient rencontrés à l'atelier de peinture, chez Bergès – j'ai retrouvé le nom au réveil ce matin. Elle, une orpheline de province venue faire les Beaux-Arts à Paris. Lui, un fils de riches d'à peine dix-sept ans. Mon père a vu ma mère et lui a dit : « Vous avez les plus belles jambes du monde. Vous serez ma femme ou ma maîtresse. » « Votre maîtresse, jamais », a-t-elle répondu.

Ma mère était armée de deux phrases pour peindre : « Quand la couleur est à sa justesse (c'est « richesse » dans la phrase de Cézanne, elle disait « justesse »), la forme est à sa plénitude. » Et, de Lamartine : « Objets inanimés, avez-vous donc une âme/ Qui s'attache à notre âme et la force d'aimer ? » Quand on est, mettons, impressionniste, on peint ce qu'on voit, mais on ne sait pas ce qu'on voit. La différence entre objet et sujet ne fonctionne pas. Un visage est un objet inanimé : il a la force d'aimer et il force notre âme à l'aimer. J'ai appris à peindre en regardant ma mère et, comme elle, j'adore faire des portraits. Mais il faut que le modèle pose, se fasse nature morte, *still life*, avec la ressemblance qu'on n'attrape pas avec une photo. Peindre la lumière du regard comme une chose, cet éclat de l'œil d'Osiris démembré qu'Isis finit par retrouver pour le rendre à la vie. Elle me peignait sans arrêt depuis que j'étais toute petite.

Pour me faire tenir tranquille et voir mes yeux, elle ne cessait de me raconter des histoires pinceau en main. Ce sont ces histoires que je raconte aujourd'hui à mon fils Victor et, à son tour, il me regarde.

L'idée ou l'effet

Mon père adorait ma mère, il trouvait qu'elle peignait génialement. Ma mère trouvait que mon père peignait moins mal qu'il ne prétendait. La différence entre leurs deux manières de peindre fait philosophie. L'idée, ou l'effet ?

Pour mon père, les choses étaient toujours déjà ce qu'elles étaient, à l'imparfait d'essence (celui d'Aristote qui invente le « ce que c'était que d'être », avec un imparfait hors temps qu'on ne sait pas traduire). Quand il peint un radiateur électrique, il sait ce qu'il peint. Le radiateur est une merveille radicale parce qu'il connaît sa forme, son idée, il le dessine comme un prototype de voiture. Il pourrait dire avec Mallarmé « une fleur ! et, hors de l'oubli où ma voix relègue aucun contour » : c'est l'*eidos*, « idée même et suave », du radiateur comme de la fleur, qui fait la ressemblance. Il peignait d'ailleurs techniquement, en expert, nettoyait bien les pinceaux, faisait à grand soin sa palette ; pas de noir, pas de bleu de Prusse, mais des cadmiums, un peu chers, beaucoup d'ocres et pas de véronèse : « Je peins avec les restes de peinture d'Hélène », disait-il, et il était fier de ne rien jeter de ce que, elle, elle dissipait. « Ce qui distingue dès l'abord le plus mauvais des architectes de l'abeille la plus experte, c'est qu'il a construit la cellule dans sa tête avant de la construire dans la ruche », écrit Marx : mon père était plutôt architecte et plutôt marxiste. Ma mère se contentait de cligner des yeux, le pinceau au bout du bras. Si la térébenthine coule, on finira au couteau et au chiffon. Il y va de deux manières de faire : avec l'idée, ou en suivant l'effet. Ces deux manières font philosophie.

J'ai toujours pensé que je n'avais qu'à faire comme ma mère. Comme elle, je ne sais pas ce que je vois. Je n'ai pas à savoir qu'il y a deux yeux à peu près pareils, et un nez. Si je le sais, je ne peins plus. Je n'identifie pas les objets que je peins, l'identité surgit toute seule de la forme et de la couleur. Largement le fruit du hasard et de la rencontre en terrain neutre, sur la toile. C'est pourquoi il faut d'abord se faire les yeux : impossible de peindre après avoir travaillé à l'ordinateur. Un œil de peintre n'est pas un œil de ménagère ni de philosophe. C'est un œil qui voit et n'a pas défini ce qu'il voyait. Il faut prendre le temps long de se désengorger l'œil, de le rincer. On regarde les formes et les couleurs et ça fait un visage, ça fait un pot.

Avec ce qui vient. Comme en cuisine, avec ce qu'on a sous la main. J'ai appris à peindre et à cuisiner en la regardant faire. Jamais ma mère n'a suivi une recette. Elle avait pourtant un livre de cuisine auquel elle tenait comme à la prunelle de ses yeux, *La Cuisine bourgeoise*. Il donnait des trucs auxquels on n'aurait jamais pensé seule (jeter le premier gras du ragoût de mouton), mais pas pour les suivre, pour les réinventer. Si mon père avait fait la cuisine, ce qu'il n'a jamais au grand jamais fait, je suppose qu'il aurait suivi une recette. Ni ma mère ni moi n'avons jamais eu ni cette modestie ni cette patience, pas plus qu'en peinture. Alain Badiou a dit de moi quand il a fait mon *Éloge* à Cerisy que j'écris la philosophie comme je l'écris parce que je suis peintre. Ce genre de peintre en tout cas, comme ma mère, celui qui ne sait pas comment ça va se passer. Voilà pourquoi j'ai toujours été si mauvaise, ou alors si hypocrite, en dissertation. En dissertation, il faut absolument savoir par où l'on passe et où l'on va arriver. Pour un livre, du moins ceux que j'écris, il faut plutôt qu'il se passe quelque chose que soi-même on n'attend pas. Sinon, en pensée comme en peinture, on s'ennuie.

En ce qui me concerne, la grande différence entre peindre et faire de la philosophie tient à l'endurance. Si mon métier était de peindre, je supporterais, et même j'aimerais, ne pas aboutir, continuer, chercher, comme je fais en philosophie justement parce que c'est mon métier. Tandis que, dès que quelque chose que je n'attends pas apparaît sur la toile, je m'en contente, j'arrête, je n'ai pas le courage d'abîmer. En philosophie, je poursuis et, si j'abîme, je continue, j'ai tout le temps, dont celui de laisser filer l'occasion.

Suivre ce qu'on n'attend pas. C'était la méthode de ma mère en peinture, c'est la seule méthode qui me convienne. Encore, et même encore encore : laisser aller, et pour atteindre quoi au juste ? Une sexualité féminine... Et, côté homme, du côté de mon père, l'identité de l'idée et l'évidence de la chose – mais avec l'angoisse en plus, non ?

Un dandy et une orpheline

Quand ils se sont rencontrés, mon père avait de très beaux cheveux bouclés (la mère de ma mère l'avait prévenue : avec de si beaux cheveux il allait devenir chauve). Raphaël, le père de mon père, était avocat. Les Cassin, plus ou moins juifs du pape en Avignon, s'étaient installés, un peu à Bayonne, beaucoup à Nice où ils sont enterrés depuis des générations – tout un morceau de cimetière là-haut, avec des pierres dressées aux prénoms retrouvés sans l'avoir voulu, Raphaël, Pierre, Victor, Samuel, comme mon père, comme mes enfants. À la mort de son frère, Raphaël avait fait faire son droit à son neveu René, le Prix Nobel de la paix. Je n'ai pas vraiment connu René Cassin : j'en parle au plus vite pour qu'il n'en soit plus question. Je lui ai rendu visite une seule fois, juste après Mai 68, au moment où je me demandais ce que j'allais faire exactement. Mon père m'a proposé d'aller voir René pour lui demander conseil. René accueille cette petite de vingt ans en disant : « Tu es la fille de Pierre ? Pierre, c'est le seul type bien de la famille, il ne m'a jamais rien demandé. Qu'est-ce que tu veux ? » Je ne voulais plus rien après cet accueil. Il m'a conseillé, puisque je faisais de la philosophie, de m'adresser à son ami Raymond Polin, professeur en Sorbonne. Professeur de philosophie politique, spécialiste des « valeurs », ennemi de la liberté éruptive, mandarin patenté. À mes yeux justes et injustes de soixante-huitarde, on pouvait difficilement trouver pire. Comme je faisais la moue, il s'est repris : « Apprends la sténo et je te ferai entrer comme secrétaire chez un de mes confrères. » Nos rapports se sont arrêtés là.

Mon grand-père Raphaël était spécialiste des brevets. Il n'avait pas toujours du flair puisqu'il avait laissé passer cette invention ridicule de petites cuillères qui s'emboîtent les unes dans les autres (la fermeture éclair), préférant acheter pour son fils les Autocars Paris-Nice juste au moment de la construction du chemin de fer. C'était l'avocat de célébrités, comme Michèle Morgan, Michel Simon, les Forton créateurs des Pieds Nickelés ou de Bibi Fricotin, et mon père avait hérité d'une partie de sa clientèle. Je me souviens d'avoir vu, dans notre minuscule vestibule de la rue Pergolèse qui servait de salle d'attente au cabinet de mon père, Michel Simon la gueule en biais parce que la teinture de chaussures qu'on lui avait fait porter dans son dernier film l'avait empoisonné, le frère de Michèle Morgan qui habitait en face et travaillait en terre Adélie, et Françoise Hardy qui venait d'inventer son tube *Tous les garçons et les filles de mon âge*.

Raphaël avait divorcé de Judith Lassalle, cantatrice à l'Opéra-Comique, une soprano à belle poitrine qui chantait l'« air des clochettes » de *Lakmé*. Mon père, qui avait choisi d'aller vivre avec elle, jugeait avec sévérité toutes les autres voix, trop dans la gorge ou dans le nez. Raphaël est mort de la syphilis. Judith est pour moi celle qui se cachait derrière le rideau cramoisi de son appartement tout neuf tandis que je jouais avec les lattes du plancher à poser. Elle est sortie d'un seul coup, drapée de rouge, en poussant un tel contre-*ut* qu'elle m'a pour toujours interdit de chanter juste – ce qui est pourtant, paraît-il, impossible.

Raphaël donnait à son fils un argent de poche genre pognon de dingue, et mon père envoyait repasser ses chemises en Angleterre. Quand il sortait avec Hélène, la jeune fille comme il faut aux plus belles jambes du monde, il l'invitait dans les grands restaurants les trois premiers jours du mois. Ensuite il se faisait tirer l'oreille pour s'asseoir et prendre un café, elle ne comprenait pas qu'il n'avait plus un sou. Elle, elle vivait dans une pension d'étudiantes boulevard des Batignolles, avec des amies qui sont restées ses amies pour la vie, l'une est devenue la première femme médecin de France, petites bourgeoises si respectables qu'elles n'avaient peur de rien. Elle venait d'Angers, où son chat Michu Sogéner Caroli continuait de l'attendre, disparaissant toute la semaine et faisant irruption dès qu'elle rentrait. Un peu plus tard, quand mon père a fait son service militaire, Hélène volait dans le porte-monnaie de sa mère pour aller le rejoindre à la sortie de la caserne passer le dimanche avec lui.

La mère de ma mère, Louise Bréchon (je donne les noms parce que mon père savait ce qu'ils impliquaient) était la fille naturelle d'une sabotière savoyarde et d'un Juif riche qui lui avait fait deux filles et un fils, sans jamais l'épouser. Pire, quand sa femme était morte, il en avait épousé une autre bien sous tous rapports, jeune, juive, de bonne famille. Mais il l'avait couverte de bijoux, qu'elle avait perdus soi-disant dans un train (et, plus probablement, au jeu). Il avait doté les filles, mais n'avait reconnu que le fils, Oncle Michel à la belle moustache, tué le premier jour de la drôle de guerre, qui avait recueilli pieusement les proverbes et les artabanismes de sa mère la sabotière, genre « Trente-six fesses font dix-huit culs ». Elle s'en servait pour conclure les discours des intellos comme lui. Ma mère les répétait devant moi avec chaleur et adoration, en en donnant le mode d'emploi : « Gratte-toi la jambe et fais-toi des bas rouges », « Baise mon cul, ma tête est malade », « Elle a chié dans ma malle et emmerdé le cadenas ». C'était la sagesse transgressive en langue et en situation, le bonheur d'être au chaud dans le lit d'une grand-mère en dentelles noires et de pouvoir avec elle rire de tout.

Louise Bréchon avait épousé un Hongrois nommé Victor Caroli. J'ai appelé mon fils aîné Victor, comme lui, et je peux dire pourquoi. Victor Caroli venait des terres irrédentes, de Trieste. Les Caroli étaient une grande famille hongroise, avec une comtesse et des écuyers de cirque – « Les Caroli » ! Quand Victor a rencontré Louise Bréchon, dont je ne connais que le dos, au piano, l'un des premiers tableaux de ma mère, il l'a séduite en disant qu'il était médecin. Le jour de son mariage, il lui a avoué qu'il ne l'était pas – je raconte toujours ce que me racontait Maman pour voir mes yeux. Louise lui a répondu : « Tu vas le devenir. »

Victor Caroli a passé les concours. Ils se sont installés aux Essarts-le-Roi. Médecin de campagne, il attelait pour accoucher les fermières. Un jour, lui qui était diabétique, s'est mis à cracher du sang. Ils avaient déjà trois enfants, dont ma mère, la dernière, qui avait trois-quatre ans. Il s'est couché dans la cuisine en disant : « Fais-moi un lit là, au chaud, fais-moi des petits plats, je suis fichu. »

Quand Victor Caroli est mort, sa femme s'est retrouvée seule avec leurs trois enfants. Ma mère avait baptisé ses deux frères aînés, qu'elle adorait et qui l'adoraient, le plus grand : Piss-ho (ou Pisse-ho – je me suis toujours demandé comment elle l'aurait écrit) –, et Min-ho, le plus petit *-ho*, comme si c'étaient des noms chinois.

Min-ho, le plus petit, donc, était minot. Il est devenu médecin des hôpitaux, spécialiste mondial de la vésicule biliaire, chef du service qui porte encore son nom à Saint-Antoine. Il soignait Onassis, avait des tapis tissés à son image, recevait des soupières de caviar. Avec, sous ses ordres, une série de jeunes internes plus remarquables les uns que les autres, tous amoureux de ma sœur qui faisait déjà sa médecine quand je n'étais pas encore au lycée.

Piss-ho, l'aîné, avait fait la guerre. Prisonnier, sa mère lui envoyait des paquets. Il s'est retrouvé derrière un guichet de banque, et il est devenu l'un des Messieurs de la banque Lazard. On m'a dit qu'il a sa photo dans la grande salle de réunion où je n'ai jamais pénétré. Quand je rentrais de l'école, si je voyais la Citroën noire, avec Félix le chauffeur, garée en bas, ça voulait dire que Piss-ho était là-haut, il venait voir, sous couvert de sa sœur, Suzanne, sa maîtresse, une femme poudrée rose lunaire, qui l'avait caché pendant la guerre. Je ne sais pas si on les laissait seuls, il était si minuscule, notre appartement. En tout cas ils s'apercevaient là tous les soirs ou à peu près. Il avait bien acheté pour Suzanne un appartement sur les quais mais n'osait l'y rejoindre à cause du chauffeur qui devait le reconduire tous les soirs chez lui à Saint-Germain.

Louise, veuve à trente ans, balayait elle-même devant sa porte à Angers où elle s'était repliée, jouait du piano, et il fallait bien que les choses se passent comme elle voulait. Tous les samedis, on leur envoyait la carriole et elle partait avec les enfants chez sa sœur, à Sainte-Gemmes, le grand asile d'aliénés, comme on dit, sur les bords de la Loire. Jacques Baruk avait épousé la sœur de Louise, il régnait en médecin-chef. Les petits Caroli jouaient avec leurs cousins, Yvonne et Henri – qui allait devenir à son tour aliéniste et diriger Charenton. Louise rapportait le dimanche soir de quoi faire à dîner toute la semaine, après son piano, pour les trois enfants :

une soupe au lait avec des croûtons, un œuf à la coque et une demi-pomme.

Ma mère pour me peindre me racontait l'asile. Parmi les fous, interné par intermittence, Hervé Bazin écrivait *Vipère au poing*. L'idée de fond de Baruk était : les fous, c'est des méchants. Du coup, il en était révolutionnaire : contre les électrochocs, pour l'aspirine et la thérapie par le travail, voire le bien-être. À commencer par la cuisinière, dont ma mère me répétait avec l'accent comment elle tuait les chatons : « À coups de pêêlle, Mamzelle Hélène, à coups de pêêêlle » ; le jardinier ne pouvait pas vraiment interdire le verger aux enfants qui pillaient les cerises (la surveillante, une bonne sœur, les prévenait en criant « Vesse »). Un peu plus tard, ma mère peignait la Loire, et des vipères s'enroulaient sous le chevalet. Plus tard encore, au moment de la guerre, le cousin Henri Baruk, fils naturel d'une non-juive puisque son grand-père n'avait pas reconnu les filles, écrira sur sa carte d'identité : « Non-juif mais juif de cœur. » Après la guerre, il partira en Israël, reviendra – « C'est tous des fascistes » – et reprendra son poste à Charenton. Je me souviens de l'avoir vu rue Pergolèse, avec sa fille Poupette, une charmante qui jouait, chut, au Grand-Guignol.

« Tais-toi donc, l'ouvreuse se trompe ! »

Victor Caroli, le père de ma mère, que je connais donc seulement à travers elle qui ne l'a pour ainsi dire pas connu, est resté pour moi un génie tutélaire. Un génie de la vie et du mensonge, devenant ce qu'il prétendait être par l'entremise de celle à qui il mentait, sa femme. Il n'a pas arrêté de lui mentir, mais de lui mentir bien. Ma mère me racontait comment il mentait, et c'est pour cette raison que j'ai appelé mon fils aîné Victor. Il adorait l'opéra et n'avait pas un sou. Il emmenait sa femme à l'Opéra, aux meilleures places. Elle lui disait : « Victor, tu n'as pas pris des places comme ça, aussi chères ? » Alors il murmurait en lui serrant le bras : « Tais-toi donc, l'ouvreuse se trompe ! »

Bien sûr qu'il avait pris des places aussi chères. Et bien sûr qu'il en allait ainsi avec les Caroli : entre le plus grand luxe et la plus grande pauvreté. C'est une leçon de vie depuis toujours. Ma mère et les Hongrois qui arrivaient en France m'ont appris que ce n'était pas grave. Que l'on pouvait être très pauvre et très riche, et que ça ne comptait pas. Ce qui comptait, c'était de pouvoir passer de l'un à l'autre. Être assez souple pour profiter des deux : très pauvre, c'est aussi une très grande richesse, et très riche, c'est aussi une très grande pauvreté. À condition de pouvoir passer de l'un à l'autre.

Petite, j'ai compris cela sur le vif quand ma mère recevait des Caroli, Juifs hongrois, oncles et cousines, qui venaient dîner par épisodes. Eux vivaient le plus naturellement du monde, de manière concertée et quasi institutionnelle, entre richesse et pauvreté. Les hommes jouaient aux courses. Quand ils gagnaient, ils louaient un hôtel particulier avenue du Bois et menaient la grande vie. Quand ils perdaient, ils s'entassaient tous ensemble dans un deux-pièces boulevard de Rochechouart qu'ils gardaient quoi qu'il arrive. Les femmes enfilaient des perles, vendaient des robes et des colliers. C'était cet argent que les maris allaient jouer. Et quand ils gagnaient, tous retrouvaient leur hôtel particulier avenue du Bois, ils ne venaient plus à la maison.

Sinon, ma mère faisait du goulasch revisité pour tout le monde. On se serrait dans la petite cuisine de la rue Pergolèse. Minuscule cuisine, où l'on tenait tous plus ou moins. Les jours normaux, c'était nous cinq, trois enfants et mes parents, et le chat perché sur la commode de l'entrée derrière le chambranle, qui faisait dépasser sa patte pour qu'on lui donne un morceau. La cuisine d'en face nous voyait à travers la cour. C'était celle de la mère de Michèle Morgan. Elle avait dit à Maman : « Vous devez être très riches pour avoir tant de domestiques ! » Les domestiques, c'était nous dans la cuisine. Les cinq ou les vingt : « Cinq Cassin et combien d'étrangers ? » demandait ma mère avant de mettre le couvert – et cette répartition était la plus tendre des hospitalités.

Rue Pergolèse, l'appartement de mon enfance, était un petit trois-pièces, attribué provisoirement à mes parents, juste au retour de la guerre. Avant de fuir, ils habitaient un hôtel particulier boulevard Exelmans, mais mon père était incapable d'agir en avocat pour lui-même, il a tout perdu de ce à quoi sa sœur ou lui pouvaient prétendre, des immeubles à Nice par exemple – une maladie comme une autre que j'ai toujours regardée avec sympathie comme le symptôme du survivant et la trace d'une juste hiérarchie des valeurs. Bref, nous vivions à cinq, avec ma sœur qui faisait sa médecine, mon frère et moi, dans les trois pièces qui servaient aussi de cabinet à notre conseiller juridique de père, avec secrétaire et clients. Le bureau où il recevait était à d'autres heures le salon et la chambre à coucher des parents, avec l'espace scandé par un authentique fauteuil crapaud Louis XV et une plus ou moins vraie table en majesté qu'on voyait quand on entrait ; le lit où ils dormaient était un étroit divan de velours vert amande dans le coin à droite avec une tapisserie, une Vierge du XVIe, en guise de descente de lit ; le minuscule vestibule qui servait de salle d'attente reliait la cuisine et la salle de bains, on ne passait plus dès qu'il y avait un client : pisser ou goûter, il fallait choisir. Mais ma mère avait du goût, c'était son sport que de faire du beau sans un sou, encaustique et bouquet de fleurs, de la brocante et des restes.

Je chéris ces diastoles-systoles. J'ai toujours eu, et encore aujourd'hui, l'impression d'être très riche et très pauvre : il ne fallait rien dépenser, mais l'argent ne comptait pas. Ma mère laissait, même quand nous n'avions pas un sou, de l'argent dans le tiroir du vestibule et tout le monde pouvait se servir. Sa manière à elle de ne pas compter.

« MOI, ÉPOUSER UN JUIF ? JAMAIS ! »

Le mensonge, un art de combat

Mon père et ma mère, le dandy et l'orpheline, l'obsessionnel mélancolique et l'hystérique sous contrôle, m'ont appris tous deux à mentir, chacun à leur manière.

La guerre était sans doute pour eux, juifs, une école. Pas d'étoile jaune, pas de déclaration, la fuite. La sœur de mon père était mariée à un Ossona de Mendes, juif portugais et, inconsciente comme tant d'autres, elle lui avait dit de se déclarer : « Il ne se passera rien. Si tu es fait prisonnier, ça te fera maigrir. » Raflé parmi les premiers, il est mort en déportation. Tout ça pour dire que la vérité, quand on est juif, on s'en méfie.

Mon père, pour lequel ni une écriture ni un nom propre n'avaient de secret, avait falsifié ses papiers d'identité, à la manière de Victor Klemperer, le génial philologue qui guetta la manière dont le nazisme infusait la langue allemande, déposa un point sur le premier jambage de son *m* et étira le *r* pour devenir « Kleinpeter », Petitpierre[1]. Mon père ne s'appelait plus « Pierre Cassin » car il avait rajouté un trait au C pour en faire un G, et une syllabe à la fin : « eau ». « Pierre Gassineau ». Un nom bien de chez nous, insoupçonnable. Ils ont filé en zone libre avec leurs deux enfants.

Voici ce que ma mère me racontait pour pouvoir peindre mes yeux : ils se sont arrêtés dans un petit village du Béarn, qui s'appelait Navarrenx. Ils se sont installés dans la seule maison vide un peu en dehors du village, la maison de la putain. À leur arrivée, mon père est allé à la mairie, ma mère dans les champs pour glaner quelque chose à manger. Faire un feu l'a sauvée du désespoir. Une soupe, une salade de pissenlits, des pommes, il y avait à manger le premier soir. Quand mon père est revenu, il a dit : « Il n'y a pas d'entrée ? » Ça la rendait encore toute chose quand elle en parlait. Naturellement, il n'y a et n'y aura pas d'entrée, jamais. Jamais plus ni elle, ni moi donc, ne ferons les choses dans l'ordre. Parce que si on habitue les autres à l'ordre, un jour on vous dira : « Il n'y a pas d'entrée ? » Non, il n'y en a pas. Les femmes et les hommes ne vivent pas tout à fait dans le même monde. C'est déjà assez compliqué de faire des miracles.

Un jour, mon mari a osé me dire que sa première femme ne savait pas repasser. Sa chemise était si mal faite qu'une fois, devant elle, il a ciré ses chaussures avec. Voilà pourquoi je n'ai jamais repassé de ma vie. Les femmes sont solidaires. Et beaucoup de leurs conduites sont préventives : il ne faut pas que l'on puisse un jour vous faire ce coup-là. Pas ça pas moi, derechef. Il en va de même en philosophie : il ne faut pas que l'on puisse vous opposer la Vérité vraie, vous ne croyez pas à la norme à laquelle on attend que vous vous conformiez. C'est non, c'est non d'avance.

Mon père est devenu commis épicier. Un client est entré lui acheter du beurre. « Vous ne m'avez pas volé en me servant le beurre », a murmuré le client. « Vous êtes juif... Venez chez moi ce soir. » C'était Paul Reinach, de la famille des Reinach, hellénistes et banquiers. Paul était le fils de Théodore, celui qui a écrit *Eulalie ou le Grec sans larmes* et construit pour sa femme dans les années 1900, à la Citizen Kane, la villa Kérylos, pointe des Fourmis à Beaulieu. Une merveille où j'ai passé plus tard tant d'étés d'enfance (avec *Pleiêlos epoiêsen*, « c'est Pleyel qui l'a fait », écrit sur le piano qu'un bouton faisait sortir du mur...), léguée à l'Institut pour qu'il l'entretienne. Théodore, n'est-ce pas, descendait villa Kérylos avec ses deux Rolls, une pour sa femme et lui, et une pour la table de bridge avec ses partenaires.

Paul était à Navarrenx parce que sa femme Yvonne, mannequin chez Dior, en était originaire. Ils avaient recueilli d'autres Juifs, dont Colette Ferenczi, la jeune veuve de l'éditeur, avec ses deux enfants Claude et Philippe. Claude avait l'âge de ma sœur, et Papa faisait la classe pour tous, leur enseignant le grec aussi. En même temps, il faisait pousser des artichauts dans son jardin, mais on n'avait jamais vu à Navarrenx ces fleurs violettes. Il chassait, très vite, très fort, « allez, allez, allez », en tapant dans ses mains, les canards du voisin qui passaient par chez lui et tordait en douce le cou au dernier. Invité à dîner par le maire, il découvrait ce soir-là dans son cou ce qu'était un pou et l'observait avant de l'écraser entre ses doigts d'entomologiste. Bref, mon père faisait des choses que ne faisaient pas les gens du coin, ne pas voler en servant le beurre, faire pousser des artichauts violets et tuer les poux en dînant.

Si bien que les Allemands un matin ont frappé à la porte. Mon père écoutait la radio anglaise dans la pièce du fond, il a filé par la fenêtre. Ma mère est allée ouvrir. Je pense qu'elle était très belle, j'ai vu des photos d'elle à trente ans. C'était une pêche hongroise brune veloutée, avec des pommettes et un sourire éclatant. Elle a ouvert grand. Les Allemands lui ont dit : « Madame, on sait que vous, vous allez à la messe. Mais votre mari, il est juif. On vient le chercher, il

y a haut comme ça de dénonciations sur lui. »
Ma mère encadrée dans la porte s'est étranglée d'indignation : « Moi, épouser un Juif ? Jamais ! » Et ils sont partis, les Allemands sont partis. Mes parents se sont enfuis la nuit même, chacun dans une direction. Ma mère chez des amis vers Toulouse, en poussant son vélo avec les deux enfants : « Je sais ce qu'est un chemin de croix. » Mon père est devenu jardinier à Saint-Hilaire-du-Touvet, un sanatorium tenu par un royaliste qui soignait les parachutistes anglais. Ils se voyaient mais comme s'ils ne se connaissaient pas, et ma mère faisait jouer leurs deux enfants dans le jardin pour qu'il puisse les apercevoir. Elle me racontait comment Jacques, qui avait peut-être quatre ans, s'était mis un soir à pleurer dans sa soupe en disant : « J'ai vu Papa, mais c'était pas Papa. » Elle me racontait aussi ce qui était arrivé au boucher du village à la Libération, celui à qui mon père avait pensé demander de lui faire passer les Pyrénées pour pouvoir ensuite rejoindre l'Angleterre : il faisait, paraît-il, des pâtés de Juifs dans sa cave. « Un jour un charcutier… son couteau a glissé », mon père chantait ça.

Le mensonge instantané qui vient et qui sauve… « Moi, épouser un Juif ? Jamais ! », ce n'est pas : « Non, mon mari n'est pas juif », c'est tenir compte de toute la situation : du fait qu'elle était belle, du fait que c'étaient des hommes qui pouvaient la croire, impressionnés par la beauté d'une femme ; pire : émus, sans savoir par quoi, par la beauté d'une Juive hongroise. Elle ne répondait pas : « Moi, oui, je suis catholique et, bien sûr, mon mari est catholique aussi. » Non : « Moi, épouser un Juif ? Jamais ! » Elle entrait dans la subjectivité de l'autre, comme si elle était elle-même nazie, elle-même antisémite, la retournait en doigt de gant pour qu'elle fonctionne. Du grand instinct ! Le mensonge est un art de combat. Il se sert de la force de l'autre comme au judo, exactement comme Gorgias se sert de Parménide. C'est quand il répète la proposition d'identité, « l'étant est étant », que Gorgias la fait exploser en vol puisque le sujet, « l'étant » avec l'article, n'est même pas identique au prédicat, « étant » tout court. Il met en acte l'impossibilité en la faisant entendre : Moi, épouser un Juif, jamais ! L'étant est l'étant ? Vous voyez bien que non !

Platon chasse Homère de la cité, mais Aristote explique qu'Homère apprend à mentir « comme il faut ». Pour moi, tromper, mentir, etc., est intégralement, non seulement autorisé, mais requis. Il faut pouvoir le faire, il faut savoir le faire, pour soi, pour d'autres. S'il y a un impératif catégorique, c'est celui-là : savoir mentir. La morale commence là, et ma mère en était un vivant exemple. Cela ne peut fonctionner qu'à l'instinct, pas à la raison : dénuder l'autre dans sa subjectivité, entrer dans ses replis, la comprendre, en sortir soi-même plus fort. C'est un mouvement parallèle à celui du pardon : non pas le pardon latin, *obliviscor*, on « oublie », on met sous le tapis, mais le pardon grec, *suggignôskein*, on « rentre dans les raisons de », on comprend avec et comme l'autre, et à partir de là on peut vraiment rebondir ensemble ou inventer autrement.

C'est quelque chose qui tient, pour moi, au féminin, à la féminité, une manière radicale de tirer parti d'être le « deuxième sexe », *Græcia victa*, la Grèce vaincue qui vainc son féroce vainqueur. Je n'ai jamais pensé que je pouvais souffrir d'être une femme parce que précisément c'était ce pouvoir-là que je voulais avoir à ma disposition. Mon père s'est enfui, ma mère a fait face en disant : « Moi, épouser un Juif ? Jamais ! » C'est plus facile de mentir quand on est une femme, qui peut se servir de sa beauté. Cette croyance ne m'a pas quittée, la beauté a sauvé la vie de ma mère comme elle a sauvé la vie de Simone Veil, trop belle pour mourir. Il faut être une femme belle – pas nécessairement d'après les canons de la beauté, mais dans l'ordre de la syntaxe dedans-dehors. La beauté comme signe extérieur de bonté, *kaloskagathos*, la crase, l'écrasé grec : « bel et bon », le roi des mots-valises. Quand on est beau dehors, c'est qu'on est bon dedans, généreux, comme un lion, comme un ange. On vous croit. Superficiels par profondeur : ce que Nietzsche disait des Grecs.

« Menteur ! »

Je voudrais m'attarder sur la vérité et le mensonge et, comment dire, sur cet héritage familial. Samuel, mon fils cadet, était tout petit, il marchait à peine, un peu plus d'un an peut-être. Nous étions à la maison rue Mouffetard. Une petite maison achetée avec mon mari, quand j'attendais Victor, au fond d'un minuscule jardin, l'ancienne maison des sœurs tourières du couvent Saint-Victor. La pièce d'en bas est d'un seul tenant, avec un mur en miroirs ; le long de ce mur, en contrebas de deux marches, une petite cuisine ouverte. Juste avant les marches, un radiateur, puis un placard d'angle. Samuel, qui ne marchait pas encore, se tenait debout en s'accrochant au radiateur. Je sors de la cuisine et passe contre lui ; je lui dis : « Toi, tu pues, tu as fait dans ta culotte. » « Non, maman ! » dit-il très fort. Puis il se retourne, se regarde dans la glace, et dit : « Menteur ! » Rire ensemble, l'embrasser : le stade du mensonge lié au stade du miroir…

Si charmant. Si juif ? Une mise en abyme du mensonge comme dans l'histoire de Freud : « Pourquoi me dis-tu que tu vas à Cracovie, pour que je croie que tu vas à Lemberg, alors que tu vas vraiment à Cracovie ? » Mentir, ce peut être dire le vrai en faisant croire à l'autre que c'est faux. Ou pas. Plus exactement : *et* pas. Il faut compliquer le principe de non-contradiction, la bivalence vrai-faux est une base de travail, rien de plus. Le jour où j'ai expérimenté un enseignement de philosophie en classe maternelle, à la question « Est-ce que tu es grand ou est-ce que tu es petit ? » un enfant a répondu : « Mon petit frère dit qu'il est grand, et c'est vrai. »

Compliquée aussi est la différence entre tromper et mentir. En grec, il y a un seul mot : *pseudos*, faux, erreur et mensonge, *pseudesthai*, « mentir », « tromper » et « se tromper ». Il n'y a pas de distance, ni objective ni subjective, entre l'erreur, le mensonge et la tromperie : le même mot recouvre tout. Quand Samuel, se regardant, dit tout haut : « Menteur ! », qu'arrive-t-il exactement ? Lui-même ne se trompe pas sur lui-même, il ne se ment pas à lui-même, il se dit qu'il m'a menti à moi, mais en même temps qu'il le dit, il ne me ment plus, et personne, du coup, ne trompe ni ne se trompe. Peut-être avons-nous tort de faire une telle différence, morale évidemment, entre « mentir », « tromper » et « se tromper ».

J'ai longtemps eu le sentiment d'avoir beaucoup menti mais très peu trompé. Quand je mens, je laisse toujours des traces : en fait, j'ai donc très peu menti, car très peu trompé. Je laisse des traces de mon mensonge pour que la personne à qui je mens puisse savoir que je mens, et que donc je ne lui mens pas. Je ne *lui* mens pas, je mens parce qu'il me semble que la situation exige, ou favorise, d'autres manières de parler. De l'ordre du *pseudos*, naturellement sain.

Cela, en tout cas, me paraît bien moins fou que l'impératif catégorique kantien et l'interdiction du mensonge. Non que je revendique un « prétendu droit de mentir », je ne m'intéresse pas à la morale. Quand des poursuivants nazis (évidemment, Kant ne prend pas cet exemple, mais on l'a pris pour lui) vous disent : « Vous cachez un Juif », voilà que, si vous en cachez un, vous n'auriez pas le droit de dire : « Non ! » ? Vous n'avez pas moralement, c'est-à-dire logiquement, en vertu de ce qu'est une proposition universelle, le droit de dire : « Non ! » Parce que vous êtes quelqu'un de courageux, vous vous ferez torturer pour avouer où il est. Mais vous ne mentirez pas, car, si vous mentez, alors il n'y aura plus de morale : la loi morale exige que la maxime de votre action puisse être érigée en loi universelle. Si la maxime de votre action est : « mentir quand c'est mieux » et si elle est érigée en loi universelle, alors il n'y a même plus de vérité. Voilà qui ne me gênerait pas tellement. Mais, en l'occurrence, ça gêne les vrais philosophes habituels, ça gêne Kant.

L'universel de quelqu'un

L'idée logique là-dessous, c'est qu'il est impossible de mentir « un peu » : quand on ment « un peu », on ment « tout », on ment potentiellement sur tout. Or, ce tout-ou-rien me semble aussi cruel qu'arbitraire. La psychanalyse nous l'apprend, la traduction aussi nous l'apprend, et je les rapproche : il n'y a que du « cas ». À mes yeux, c'est l'idée d'universel qui est un *pseudos* au très mauvais sens du terme, à savoir au sens d'idéologie. Un *pseudos* qui pose qu'il n'en est pas un, qu'il est vérité, la Vérité justement, la Vérité unique, c'est de l'idéologie. Car l'universel, c'est toujours l'universel de quelqu'un ; l'universel qui arrange celui qui dit : « Voilà l'universel », et le désigne comme tel. La situation type est évidemment le colonialisme : « Nos ancêtres les Gaulois, vous apprendrez mes valeurs, car ce sont les valeurs universelles. Mon universel est plus universel que le vôtre, c'est *le* seul et l'authentique Universel. » Contre quoi, on ne peut que rétropédaler. Pas ça pas moi.

La Déclaration universelle des droits de l'homme n'y échappe pas, et mon historiette avec René Cassin me conseillant d'apprendre la sténo en est un symptôme congruent. « Article premier : Tous les êtres humains naissent libres et égaux en dignité et en droits. Ils sont doués de raison et de conscience et doivent agir les uns envers les autres dans un esprit de fraternité. » Liberté égalité fraternité droits raison conscience, c'est *mutatis mutandis* le début de l'*Éloge d'Hélène* de Gorgias, mais sans le recul de l'ironie. Gorgias aussi empilait les valeurs : « Ordre pour la cité est l'excellence de ses hommes, pour le corps la beauté, pour l'âme la sagesse, pour l'action la vertu, pour le discours la vérité », ordre beauté sagesse vertu vérité, de beaux gros mots d'ordre universels pour un espace-temps du monde. Exactement : pour un espace-temps du monde qui se projette comme universel.

Mais Gorgias, lui, montrait en même temps à quel point l'universel l'était peu en l'utilisant, en faisant voir hautement à quoi cela pouvait lui servir : innocenter Hélène, « pour moi un jeu ». La dérision n'est pas amovible, elle fait partie du bon usage de la morale et du prêche : il faut du recul par rapport à l'universalité de l'universel pour en faire autre chose que de l'idéologie phraseuse corrodée par le temps. Qui innocente-t-on ? Qu'est-ce qu'on s'autorise ? Quels sont les maîtres et possesseurs de la Vérité ? « D'où tu parles ? » comme on demandait en 68, bêtement et pas si bêtement. L'enfer est pavé de bonnes intentions. C'est même une bonne définition de l'enfer : que l'intention persiste à gagner sur l'effet.

Pour moi, le fait que ce tout petit môme puisse se dire « Menteur ! » à lui-même, et le dire de manière à ce que je sache qu'il mentait, d'une part – ce que je savais, parce qu'il puait –, et que, d'autre part, je sache qu'il savait qu'il mentait, et que, enfin, je sache qu'il voulait que je sache qu'il mentait – ça c'est la couche la plus adorable –, est une histoire de feuilletage de mensonges, de *pseudos* plutôt, qui fait qu'il n'y a que du cas. Ce « il n'y a que du cas », lié à la notion de symptôme, produit une tout autre dimension (Lacan parle de « dit-mension »), une tout autre fabrication de l'idée même de vérité. Celle que Lacan appelle, avec « un petit *a* avalé » : *varité*. À prononcer : vérité, variété, varité, du bel et bon signifiant.

Rien qui déniaise autant le rapport au *pseudos* que le rapport familial puisque, là, on dispose de tout le feuilletage. On possède de l'intérieur, conscientes ou non, les clefs de tout. Avec cette clef basique que c'est par amour, par gentillesse, par connivence que l'on ment. On ment pour qu'il n'en soit plus question, pour pouvoir faire un pas de côté, pour pouvoir continuer à inventer. Toutes ces zones de liberté me paraissent, et m'ont toujours paru, philosophiquement essentielles. Voilà ce que j'avais à dire à propos de Sam se disant à lui-même : « Menteur ! »

« Baptiser mes enfants ? »

« On sait que vous, vous allez à la messe », ont dit les Allemands à ma mère. Quand mon père et ma mère se sont enfuis en zone libre, à Navarrenx, leurs deux enfants, ma sœur et mon frère, étaient avec eux. Ma mère, donc, allait tous les dimanches à la messe pour faire comme tout le monde. Elle est allée voir le curé et lui a demandé : « Monsieur le curé, est-ce que vous pouvez baptiser mes enfants ? » Et le curé lui a répondu : « Bien sûr, madame, ils vont faire trois ans d'instruction religieuse et je vais les baptiser. » Alors elle est allée voir le pasteur, et elle lui a demandé : « Monsieur le pasteur, est-ce que vous pouvez baptiser mes enfants ? » Le pasteur lui a répondu : « Ah non, madame, c'est complètement impossible, ils sont baptisés depuis deux ans. Voilà le certificat. » Après la guerre, ma mère, voulant éviter que le même genre d'horreur ne se reproduise, a voulu que je sois baptisée. Elle m'a dit : « Il faut que tu sois baptisée. Protestant, c'est beaucoup mieux. Mais catholique, c'est beaucoup plus difficile, alors tu seras catholique. »

Comme c'était une femme, au fond, profondément morale, qui ne faisait pas les choses à moitié, elle m'a confiée à une amie, Guite Baraduc. Voici pourquoi. Un jour où elle était avec cette amie, dans sa maison d'Auvergne, à Montaigut-en-Combrailles, la fille de Guite, Claire, est tombée d'un arbre où elle montait et s'est tuée. Guite s'est mise à genoux et elle a prié. Maman m'a dit : je vais te confier à Guite parce qu'elle croit, et j'ai vu que ça pouvait aider. J'ai donc suivi une instruction religieuse catholique assez profonde parce que atypique. J'allais tous les jeudis – à l'époque, notre mercredi était le jeudi – chez les dominicains. C'était un grand couvent, où j'étais accueillie par un vieux père, le père Rousseau, qui me faisait lire la Bible. On parlait, on lisait, on parlait. J'en garde un souvenir merveilleux. Il me demandait par exemple ce que c'était pour moi la vie. Je me souviens encore lui avoir répondu : Un atterrissage ?

Quand je suis entrée en sixième, au lycée de La Folie Saint-James, il y avait un cours d'instruction religieuse, et ma mère m'avait inscrite. En arrivant, interrogation écrite. Acte de foi, acte de contrition, acte de charité, etc. Évidemment, je ne savais rien de tout cela. Alors j'ai inventé. Le curé qui faisait l'enseignement a lu ma copie devant toute la classe la semaine suivante. C'était pour être gentil, mais j'ai eu tellement honte que je n'y suis jamais retournée. Les choses se sont arrêtées toutes seules. J'aurais bien été un peu mystique, intéressée par le mal de la religieuse à genoux souffrant sur son prie-Dieu avec les marques de paille incrustées dans la chair, et je me relevais la nuit pour prier. Mais j'ai entendu mon oncle Piss-ho dire à ma mère : « Cette petite fille si gentille, tu vas en faire une bonne sœur ! » Au même moment, le père Rousseau est mort. J'ai été prise en charge par un autre dominicain beaucoup plus jeune, qui faisait les émissions de télévision le dimanche matin, le père Dagognet, beau comme un Torquemada prêt pour l'Inquisition. Je l'ai pris en horreur quand il m'a donné des livres pieux à mettre dans la bibliothèque de mes parents pour les convertir. Tellement scandaleux de ne pas comprendre qui on était, de quoi il s'agissait, ce que c'était que la confiance, etc., que je n'ai jamais plus voulu y retourner. La messe est devenue de l'ethnologie, encore plus quand elle a été dite en français – à Noël, ou parce que en Corse c'est beau, ou parce que mes enfants ont eu envie d'aller voir ; j'ai emmené Victor petit à une messe de Noël aux sports d'hiver et, en entendant chanter, il a entonné très fort « Frère Jacques… ding ding dong ».

J'ai rencontré dans ma vie un autre père Rousseau, mais qui était philosophe : Stanislas Breton. Nous nous sommes trouvés sur les barricades en 68. Il enseignait à l'Institut catholique. Il avait un rire absolu. « On vous dit… Moi je vous dis : le Christ avait tout du paranoïaque… » Bâti comme un paysan, avec son vin de groseille et son parmesan, il était d'une légèreté immense parce que immensément libre. C'était le *baby-sitter* de mes enfants, avec mon père. Ils venaient ensemble déjeuner tous les mercredis et s'entendaient comme larrons en foire pour les conduire au judo, ils avaient la même curiosité fraîche tous azimuts, comme les enfants à qui ils laissaient faire plein de bêtises, genre planche à roulettes dans rue en pente… Il faut dire que Breton avait été dans le même stalag que Freddy, le demi-frère de Papa.

Stanislas/Paul : on change de prénom pour signifier qu'on n'appartient plus à César quand on entre en religion – ma belle-sœur s'appelle Anne-Marie mais, devenue bonne sœur, elle a pris le nom de Véronique. Troublant modèle à la Docteur Jekyll et Mister Hyde, christo-machiste puisque, que l'on soit homme ou femme, en épousant le Christ on change d'essence-et-de-nom. On prend le nom de l'époux, homme ou fils de l'homme. Je n'ai jamais voulu m'appeler Legendre, du nom de mon mari (que la Sécu vient de m'assener avec vingt ans de retard et sans me demander mon avis). C'était bon pour sa mère et ses sœurs, mais n'avait rien à voir avec notre amour. Quand sur l'urne qui contenait les cendres de ma mère, j'ai vu qu'on avait inscrit « Mme Pierre Cassin », j'ai pleuré et j'en ai fait refaire une avec son nom : « Hélène Caroli-Cassin », comme elle signait ses tableaux.

C'est à Stanislas/Paul que j'ai demandé, à mon tour, de baptiser les enfants. Je n'avais pas pour cela les mêmes raisons que ma mère, au cas où... Ma seule motivation était de faire plaisir à ma belle-mère qui les voyait déjà, pauvres âmes innocentes, risquer l'enfer. J'avais pitié de cette femme que son fils que j'aimais trouvait bête. Elle avait élevé ses cinq enfants, elle avait de la charité, et il me semblait que c'était la seule marque de respect que je pouvais lui témoigner : rendre hommage à sa manière de penser qui n'était pas la mienne – ni celle de son fils, si profondément réticent qu'il fuyait et s'en lavait les mains. J'ai donc invité Jeanne Legendre à déjeuner avec le père Breton pour que nous en parlions tous les trois. Lui, je l'ai finalement convaincu que faire plaisir à ma belle-mère était une bonne raison. Il a accepté de baptiser les petits, en ajoutant : « Évidemment, ce sera un baptême œcuménique. » Ma belle-mère s'est levée de table aussitôt en disant : « Ce n'est pas un vrai curé » et elle a quitté la pièce. Nous en sommes restés là.

« PAS DE FOND, PAS DE PLAFOND »

« Clous »

Mon père et ma mère étaient donc des peintres antagonistes, ou complémentaires. Pierre haïssait son métier de conseil juridique : être juriste l'obligeait à être encore plus obsessionnel. Ses dossiers étaient si bien tenus, avec des petites notes sur papier pelure de couleur, d'une écriture nette et formée comme les vaguelettes de la mer montante sur le sable (presque aussi minuscule que celle, il faut l'avoir vue, de Lacoue-Labarthe). Toute petite, j'adorais m'installer face à lui de l'autre côté de son bureau, et des heures durant je noircissais des feuilles, comme lui mais sans savoir écrire. Ce métier qui le rendait fou l'empêchait aussi d'être fou. Car il était probablement devin. Quand il lisait une écriture, il voyait tout. Il posait avant de s'y mettre deux questions : « Est-ce que tu l'aimes ? », et : « Est-ce qu'il a été élevé en France ? » Un oui à la première, un non à la seconde lui interdisaient de poursuivre. Si l'on aimait quelqu'un, il ne voulait même pas jeter un coup d'œil sur la lettre, et si la personne n'avait pas été élevée en France, il savait qu'il ne pouvait rien en dire. Hormis ces deux cas, c'était un graphologue luxueux, d'une sensibilité esthétique et herméneutique à la mise en page et aux contours que je n'ai jamais rencontrée depuis. Lors d'un grand dîner avec ma mère, ils avaient côtoyé le plus célèbre mage de l'époque, qui faisait alors courir les foules. Il avait échangé avec mon père et il avait conclu : « Vous aussi, vous êtes devin. Alors si vous ne voulez pas en faire comme moi votre métier, restez juriste parce que ça vous empêchera d'être fou. »

Heureusement sans doute, tous les parents sont fous. Mon père l'était parfois manifestement. Il écrivait « clous » sur une boîte de clous, en récupérant – ce qui lui venait quand même de la guerre – les carrés de carton qui enveloppaient le PQ en feuilles. Parce que ça non plus, ça ne devait pas se perdre. Mon fils Victor se souviendra toujours de ce qu'il avait fait avec la lampe torche sous-marine qu'on lui avait offerte pour son anniversaire. Pour changer l'ampoule, il avait creusé un petit trou, si bien qu'elle ne pouvait plus aller sous l'eau. Il la lui avait rendue en disant : « Tiens mon coco, voilà, elle éclaire. » Sauf que, voilà, elle était fichue.

Il allait au bout de ses folies avec un charme absolu. Sans voir qu'elles en étaient tout en sachant qu'elles en étaient. Il apprenait à Victor la physique expérimentale : ils ont fait du feu en captant le soleil avec un miroir, en plein milieu de l'été corse, et troué une table de bois sans mettre le feu au maquis. Le bricolage faisait partie de sa vie, il ne reculait devant rien, gardait tout, et passait des heures à. À ? J'ai retrouvé une lettre qu'il écrivait à ma mère quand il était au service militaire, une lettre d'amour fou, qu'elle avait gardée : il lui expliquait comment le soir dans la chambrée il fabriquait un poste à galène pour qu'on lui fiche la paix et qu'il puisse penser à elle en toute sérénité.

Mon père m'a appris l'obsessionnalité et ma mère m'a appris l'hystérie – à moins qu'on ne sache toujours déjà ces choses-là. Lui n'arrêtait pas de commencer par ce qui n'était pas important, avant d'arriver le plus tard possible à faire ce qu'il devait pour le seul client qui pouvait le payer – à condition encore qu'il le lui demande. Il s'occupait du cafetier d'en bas, du coiffeur qui, etc., toutes charités qui lui permettaient de repousser l'urgent et l'essentiel. L'essentiel le terrifiait. Ma mère, en revanche, allait droit à l'essentiel, et le rendait contagieux, convaincant. C'est entre ce père et cette mère, que j'ai adorés l'un comme l'autre, que s'est fabriqué un « tout est possible ».

Trois fois, c'est l'infini

Du couple qu'ils formaient, j'ai compris deux choses qui perdurent (résilientes serait le bon adjectif). D'abord que, aimer, c'est ouvrir les possibles ; cela m'est revenu à chaque moment clef de vie-et-pensée. La grande vérité familiale, c'est qu'on vous aimait. « Pas de fond, pas de plafond », murmurait René Char entre chien et loup. Cette vérité faisait famille, quoi qu'il arrive.

Je me souviens du moment où cela m'est apparu avec certitude. J'étais au lit. L'appartement était tout petit, j'entendais tout, la cuisine était juste à côté de ma chambre. Il y avait du monde qui mangeait, ça faisait du bruit, et je me suis réveillée. Je suis descendue de mon lit qui était un peu haut, j'avais du mal à descendre toute seule, donc j'étais vraiment petite, quatre ans, peut-être même trois. Et je suis allée jusqu'à la cuisine. Là quelqu'un m'a prise sur ses genoux, câlinée, puis remise au lit. Je me suis rendormie. Le bruit des voix m'a à nouveau réveillée, je suis redescendue, ils m'ont ré-accueillie sur leurs genoux, donné quelque chose à manger ou à boire et remise au lit. Je me suis rendormie d'une grande goulée de sommeil. Je me suis réveillée une troisième fois, et j'ai su : c'est fini, je ne peux pas y retourner, ce n'est pas possible.

Trois, c'est trop. J'ai quand même glissé en bas du lit, j'y suis allée, coupable jusqu'à la moelle. Ils m'ont prise tendrement dans leurs bras, tout était normal, doux, et ils m'ont tranquillement recouchée. Ils n'avaient pas compté, je n'étais pas coupable. Là j'ai su ce qu'était l'amour. Trois fois, c'est l'infini. Il n'y aura pas de trop, ce ne sera jamais trop. Voilà ce que j'ai appris de ma famille et que, j'espère, j'ai transmis à la mienne.

Trois fois ? Mais j'aurais pu me réveiller cinq fois, ça aurait marché quand même. Ni mon frère ni ma sœur n'exigeaient la même chose, personne n'exigeait la même chose, c'était à chacun selon ses besoins, et même à chacun selon ses désirs. Ce fut pour moi une expérience absolue. Au fond, c'était l'expérience communiste par excellence, mais au-delà du communisme. Une manière de vivre que j'ai retrouvée ailleurs, mise en pratique plus tard et autrement, avec la *Ville Ouverte* au Chili, autour de Godofredo Iommi.

Que tout soit possible et que cela même définisse l'amour, s'est donc fabriqué pour moi comme une évidence récurrente. À chaque âge, cela s'est prouvé. Je devais être en hypokhâgne, suffisamment givrée pour rentrer complètement saoule de chez un ami russe que j'aimais beaucoup. Chez lui, on ne buvait que de la vodka. Avant de partir, sa mère essayait de me faire boire à l'envers un verre d'eau salée, mais j'étais toujours aussi saoule. Alors Georges me raccompagnait, le long de l'avenue entre Neuilly et la Porte Maillot, et nous voguions d'un trottoir à l'autre. Arrivée au 9, rue Pergolèse, je montais comme je pouvais jusqu'au second et je m'écroulais dans la baignoire. Dans le petit vestibule écaille de tortue, mon père lisait *Science et vie* en s'arrachant les poils de barbe. Appuyé sur la belle commode hollandaise en marqueterie qu'on nous a volée depuis, sous une lampe à fleur de lys, il lisait en m'attendant. Puis il venait me border dans la baignoire... Je ne connais pas de père qui bordait une jeune fille de bonne famille si naturellement dans la baignoire.

Plus tard, c'était un soir où l'un de mes premiers jules, que j'aimais vraiment mais que mes parents n'avaient jamais vu, un poète déjà, me ramenait à la maison. En bas, rue Pergolèse, nous nous embrassions longtemps dans le petit hall d'entrée devant l'escalier de l'immeuble. Un soir, il me dit : « Un monsieur m'a fait un sourire adorable, il descendait une poubelle. » C'était mon père qui nous avait vus enlacés. Quand je suis remontée, il devait sourire encore.

Les choses étaient fondamentalement différentes dans la famille de mon mari : chez lui, c'était toujours déjà trop parce que tout était compté. Je l'aimais lui, exceptionnel, qui était capable de ne pas compter, donc de faire des comptes radicaux sur le temps long à la vie à la mort en tenant compte du désir, du bon sens et du coup d'après. Comme il faudrait que redevienne l'économie, en prise comme Aristote et Marx le souhaitent sur la valeur d'usage et non sur la valeur d'échange. Un nouveau départ aussi important que la considération de la terre, la place du genre humain entre – entre les dieux et les animaux, bref : le bon sens exigé par le coronavirus.

Mais c'était un autre monde qui arrivait, lié au catholicisme de notables de province, un père notaire et beauceron, une mère visiteuse de prison, où l'on donnait à chaque enfant pareil. Non pas à chacun selon ses besoins, mais à chacun selon la norme et selon l'égalité. Un monde économiquement verrouillé par la morale, avec l'éthique protestante valant pour toutes les banques. Liée à Dieu, comment cette norme s'excepterait-elle de l'infini ? Où situer alors l'*hubris*, le trop ? La norme morale est poussée au cul par le « encore » du profit, de l'accumulation capitaliste, etc., comme on voudra l'appeler. Y a-t-il un rapport entre le encore-encore du capital qui fait des petits – *tokos* « enfant » et « intérêt », deux sortes de « rejetons » pour Aristote analysant l'usure –, le encore-encore de la volonté de puissance, et le encore-encore de la sexualité féminine ? Je n'ai jamais osé me poser sérieusement la question, de peur qu'elle ne flirte avec les composantes les plus redoutables de la réaction.

« Voilà ce qu'est devenu l'amour de ma vie »

« Pas de fond, pas de plafond. » Avec les parents, la famille, il n'y a ni pardon ni pas de pardon, la question ne se pose pas ainsi. Il n'y a pas de « trop ». On peut avoir tout faux sans être coupable car les bras sont toujours ouverts. Voilà ce qui a décidé de l'homme que je pouvais épouser : que ses bras soient toujours ouverts. Pas moyen de faire famille autrement. Cette absence de clôture définitive, c'est ce que m'ont appris mes parents de philosophico-vital.

Mais ils me l'ont appris à travers une clôture, à travers une violence entre eux, atroce. Je crois que je n'ai jamais vu des gens s'engueuler comme eux, c'est le seul mot qui convienne parce que c'était insupportable à entendre, inhumain. La rue entière les entendait, et ma mère disait : « Pierrot, arrête, les voisins vont entendre, la rue entière nous entend ! » Mon père continuait, hors de lui, rouge violet avec une veine sur la tempe qui battait, il allait crever de violence. Ma mère se ratatinait mais continuait à le provoquer, en susurrant : « Coup de pied au cul, mauvaise mère. » Ces mots-là en particulier le rendaient fou. Fou parce qu'il avait dû faire, ou plutôt dire, ou même seulement penser cela une fois. Ma mère laissait entendre que, si elle avait une sciatique… Il faut comprendre ce que c'était pour une enfant que d'entendre en se bouchant les oreilles.

Le pire peut-être, à part les mots, les sons, à part la peur, c'était le déclenchement sadomaso des engueulades et leur déroulé prévisible. « C'est vrai, tu préfères la mâche, alors tu laisses ma salade d'endives / Pourquoi tu m'en fais alors ? » Entre l'histoire de la mère juive qui offre deux cravates à Noël à son fils (il vient avec la verte : « Ah, je savais bien que tu n'aimerais pas la rouge ! ») et l'exaspération sexuée qui passe par le « toujours » – tu me fais *toujours* des endives. Chabadabada.

L'une de ces engueulades s'est gravée dans mon esprit. Elle a déterminé non seulement ma vie amoureuse, mais toute ma vie et toute ma pensée.

J'étais avec ma mère avant d'avoir l'âge d'aller à l'école. Quand elle avait fait les courses, le ménage, il était dix heures du matin, elle avait tout fini. Elle prenait alors son bain. Dans la salle de bains, elle s'allongeait dans la baignoire, elle se mettait des gouttes sur les ongles, une goutte bien ronde sur chaque ongle, et elle me montrait comme c'était beau. Je restais à côté de la baignoire, dans la petite salle de bains gris et blanc. Un matin, comme un chat bien élevé peut griffer, j'ai fait une vraie méchanceté. Elle avait des pantoufles qu'elle adorait, en duvet de cygne.

J'en ai jeté une dans son bain, et j'ai couru me réfugier derrière le bidet : je devais être toute petite pour tenir derrière un bidet.

Un jour de bain, qui donc arrivait tous les jours, l'engueulade s'est poursuivie jusque dans la salle de bains. Mon père est entré en criant, et ma mère s'est levée hors de l'eau. Je la garde en image, pas si belle : comme une femme entre deux âges un peu boursouflée, un peu blanche, avec les seins qui pendent. Dans les tableaux de Bonnard, quelquefois, il y a une femme un peu troublée et un peu molle, qui sort ainsi de sa baignoire. Les deux images se confondent dans ma tête. Quand mon père a ouvert la porte de la salle de bains, elle s'est dressée, il l'a regardée et il a articulé en prenant son temps : « Voilà ce qu'est devenu l'amour de ma vie. »

Elle n'est pas morte sur place. C'est tout.

Mais j'ai fait en sorte que personne jamais ne puisse me dire ça, que personne n'ait ce type de rapport avec moi, d'emprise sans rien à côté, d'absoluité. Voilà ce qui m'a obligée à croire pour toujours qu'il ne fallait jamais être, au grand jamais, mono… mononucléodique, monadique, monogame, monothéiste. Qu'il ne fallait pas qu'il y ait un seul homme, une seule femme, comme c'était leur cas, ils s'en vantaient assez. Ça pouvait donner ça, et même ça ne pouvait donner que ça. Je n'aime pas l'Un. Je ne veux pas de l'Un, ni de la majuscule. C'est l'un des brins les plus consistants de mon rapport à la vérité : il n'y en aura pas qu'une. C'est trop risqué.

Je me suis, depuis lors et une fois pour toutes, laissé charmer par la phrase antidote : « Car je n'ai pas égard à cela que vous êtes mais au doux souvenir des beautés que je vis. » Pierre de Ronsard à Marie, pour mieux la séduire quand elle n'avait que quatorze ans, en prévision du soir à la chandelle. Mais non Pierre mon père à Hélène ma mère. D'où ma fidélité, mon genre très fidèlement infidèle de fidélité. Je suis fidèle à tous. Il n'y a pas un homme, une maison, un paysage, un objet qui ait une fois compté, comme une perception qui occupe le monde, à qui je ne sois pour toujours et comme immémorialement fidèle. L'amour est feuilleté comme le temps, comme les dieux et comme la vérité. Il fait *kosmos*, ordre et beauté, luxe calme et volupté. À chaque tournant de vie, ressaisir autrement tout le paysage. Non pas accumuler les expériences, mais recosmiser, refaire beauté du tout jusqu'à maintenant, en mêlant les temps pour séduire le toujours.

De là vient ce que j'appelle aujourd'hui, enfin ce qu'on appelle pour moi, « relativisme ». Il est vital avant d'être philosophé, puisqu'il interdit qu'un homme me dise : « Voilà ce qu'est devenu l'amour de ma vie. » Je ne me laisserai pas dire ça, et même ça rentrera dans sa gorge. « Voilà ce qu'est devenu l'amour de ma vie » était la vérité de mon père parce que ma mère était la vérité de mon père. Pour moi donc, il n'y aura pas d'un et pas de vérité. Je préfère que non. Je refuse de choisir entre quelque chose ou rien, je choisis le comparatif, le plus vrai pour, le meilleur pour, et le plutôt que. Non pas 0 ou 1, quelque chose ou rien, avec la caractéristique universelle qui chiffre nos pensées comme fait le langage d'ordinateur, mais l'autre côté de Leibniz, celui qui parle une dizaine de langues et fait tout dépendre du principe de raison comme principe du meilleur, par-delà le principe de non-contradiction. J'aime mieux Candide, il faut et il suffit d'oublier Dieu.

Enracinés nulle part

D'une certaine manière, avec mes parents, tout était ouvert et fermé. Car, au fond, ma mère et mon père ne s'autorisaient rien. Ils ouvraient les possibles pour les autres, mais non l'un par rapport à l'autre. Je ne les ai jamais perçus comme libres. Ils étaient liés l'un à l'autre, immobilisés pour toujours, comme si des milliers de liens lilliputiens tressaient un mortel lien conjugal.

C'est pourquoi je m'intéresse tant à la scène de la fin de l'*Odyssée*, où Ulysse est vu, reconnu, et se reconnaît avec Pénélope : ils sont les deux seuls à savoir que leur lit est enraciné, c'est leur secret partagé. Ulysse a fabriqué leur lit dans un tronc d'olivier qui est encore enraciné dans le sol, il l'a creusé, et c'est autour de ce lit qu'il a fait la chambre, autour de la chambre qu'il a fait le palais, et autour du palais qu'il a construit sa royauté. C'est cela, le couple enraciné. J'ai toujours perçu mes parents comme un couple enraciné, non pas dans une maison, non pas dans un lit, mais comme un couple enraciné l'un à l'autre : ils ne pouvaient pas s'en sortir, l'un de l'autre. Ces racines que, d'une certaine manière, ils m'ont transmises, m'ont terrifiée. C'est pourquoi il fallait absolument que tout soit possible à partir d'un autrement. Je ne serai ni médecin comme ma sœur, ni ingénieur comme mon frère, ni – il me suppliait de ne pas – juriste comme mon père, même si chacun de ces métiers, professions « libérales », était à portée normale de main. Rien de tout ça ne pouvait convenir. Après 68, encore moins. Le « tout est possible » faisait signe vers ce qu'ils n'avaient pas fait, ce qu'on n'avait pas fait dans la famille. Ce qui ne veut pas dire que je ne les ai pas imités : j'ai absolument imité mon père, dès les feuilles noircies par de la pas encore écriture, j'ai absolument imité ma mère inarrêtable. J'ai appris immensément d'eux et j'ai été infiniment heureuse d'eux, mais… Pas ça pas moi.

« J'AIME QUAND TU AS LE CORPS GAI »

Autorisation générale

Donc, je n'aime pas l'Un. C'est de là que me viennent mes rapports étranges à la vérité : je ne crois pas à la vérité, je crois davantage au mensonge, parce que là, il y a le choix. Quand on ment, quand on transforme un peu, on sait ce qu'on transforme. Du coup, on connaît de l'intérieur un peu de vérité. Quand j'ai menti, et Dieu sait que j'ai menti dans ma vie – j'ai menti aux hommes, beaucoup, un peu à ma mère, très peu à mes enfants – : on pouvait toujours savoir où était la vérité si l'on voulait. Quand je mentais à mon mari, ce n'était pas *contre* lui, c'était *avec* lui, pas tellement *pour*, pour son bien ou notre tranquillité, mais *avec*. Il participait. C'était d'une certaine manière un mensonge grâce à l'autre, à la grâce de l'autre, parce que les choses sont plus amoureusement subtiles que vrai/faux.

Une scène entre nous m'a marquée pour toujours. Étienne voyageait beaucoup, nous vivions ensemble. Quand il revenait d'Afrique, il arrivait à six heures du matin. Il n'a jamais été question d'être, je ne sais même pas ce que ce mot veut dire, « fidèles ». Puisque mes parents n'avaient jamais connu d'autre personne que l'un l'autre, ils s'en enorgueillissaient assez, et qu'ils se déchiraient au-delà du concevable, alors jamais je ne serais fidèle en ce sens. Or, Étienne m'a donné une fois pour toutes une sorte d'autorisation générale, dont je n'avais pas besoin mais que j'ai reçue comme un cadeau. Le cadeau, le supplément par excellence. Cette fois pour toutes s'est produite un matin très tôt où je regagnais notre appartement rue de Lanneau, après avoir passé la nuit ailleurs. Je remontais lentement la rue, songeuse de ma nuit. Il était au croisement d'en bas, juste avant notre porte. Je l'ai vu dans la rue. Il était revenu un jour plus tôt. Il m'a vue désemparée. Désemparée et follement heureuse de le voir, les deux choses étaient aussi claires l'une que l'autre. Il m'a serrée dans ses bras et m'a dit : « J'aime quand tu as le corps gai. » Il me l'a dit sans reste. Sans qu'il soit question d'équilibre, de prêté pour un rendu, d'une quelconque réciproque, compensation ou équité. C'était parfait. Poétique et parfait. Ce sont des choses qui lient pour toujours. Il est devenu le gardien de notre amour. On m'a demandé, son frère par exemple, pourquoi j'ai choisi mon mari comme mari. Je l'ai choisi pour des inventions comme celle-là : qui aurait pu inventer avec tant de douceur cet instant ?

« Des sous pour le péage »

J'ai toujours lié cette scène de liberté qui allait de soi à une autre, à peine plus ancienne, avec René Char. Quand j'ai quitté les Busclats, après y être restée pour mon bonheur et pour le sien un temps non mesurable, ma petite Méhari rouge était devant la porte dans le jardin, j'y ai mis mes bagages, pas grand-chose. Il allait de soi que je parte. Mes parents m'attendaient, et mon long séjour chez lui était tout sauf prévu. Son amie Anne rentrerait peut-être, celle dont les chaussures résidaient sous l'armoire. Il est allé ouvrir le portail pour faire passer ma voiture, le visage de travers. J'ai démarré, franchi le portail, accéléré, et là, j'ai vu qu'il courait courait derrière pour me rattraper. Il a agrippé la demi-portière de la Méhari et m'a dit : « Des sous pour le péage ! » en posant des pièces dans la rigole au-dessus du volant. Pour le péage : je pouvais passer, il était là pour me permettre de passer... Il avait de ce geste ouvert les possibles, *invitus invitam*, malgré lui malgré moi, avec lui avec moi. Il faut une pièce pour passer au-delà, ailleurs, à donner à Charon le nautonier des Enfers, à garder entre les dents quand on est une momie. Le passage, le bonheur et la mort font bon ménage.

Je pose cette équivalence vécue : aimer, c'est ouvrir les possibles. Chacun des hommes que j'ai aimés a ouvert les possibles, il se pourrait aussi que je ne les reconnaisse comme aimés qu'à cause de cela. Ce oui à la vie comme à la sexualité, c'est, quand on a – je ne sais pas moi – entre dix-huit et vingt-cinq ans, le souci majeur. Quand ces phrases sont prononcées, elles valent pour tout et pour toujours : pour l'amour, pour la pensée. Dans cette tentative de démêler les fils d'une autobiographie philosophique, il faut que je souligne comment l'essentiel tient à ce « tout est possible ». Tout était libre, tout était ouvert.

« Voir Hélène en toute femme »

J'ai ainsi échappé à la morale sociale, par ma mère et par mon père. Comme à la morale de Dieu : on n'allait pas croire en quelque chose, voyons... On n'allait pas croire non plus dans le fait que la société fait le bien, qu'elle veut le bien : on ne peut pas croire ça après avoir été juif gazé, ou pas gazé, on ne peut pas croire que la société fait le bien. On ne peut pas croire comme ça. On ne peut pas croire.

Mais peut-être que l'on peut croire au sens que l'on donne aux mots, aux rapports entre le son et le sens, à la tendresse étymologique. Bien sûr, on ne donne pas le sens que l'on veut à soi tout seul, ça n'a pas de sens justement, on parle à d'autres avec soi-même. Mais on bouge le sens quand on l'entend, on le fixe déployé comme la vérité feuilletée, on le varie de manière plus ou moins compréhensible et comprise. Il y a du jeu, Cassin-Gassineau, on change de braquet, on ment doucement, on influence, on y travaille. Le réel se transforme, et soi-même on se transforme, on se lit soi-même autrement. C'est cela qu'on appelle l'éponymie : suivre le nom, s'y conformer. Cela vaut d'habitude pour les noms propres, mais sans doute les noms communs sont-ils aussi des noms propres, chaque fois qu'on apprend à parler. On sait comme est important le choix du prénom de l'enfant qui va naître, comme cela occupe et préoccupe les parents. Sous le signe de qui va-t-il surgir, de quel grand-parent qui persiste selon la coutume des familles et qu'on retrouve au tournant, ou bien sous le signe d'un qu'on préfère ignorer, avec une nouvelle manière de faire irruption dans le monde ? Victor, Samuel, pour mes fils, mais Oscar et Vadim, pour mes petits-fils, des prénoms venus à moi de nulle part. Pourtant je les entends dans la rue de plus en plus souvent, la mode existe même quand on ne l'a pas anticipée comme perceptible (on fait de la très bonne histoire avec celle des prénoms, les Françoise, les Catherine, les Christine, les Jeanne et les Jean-Marie, sans parler des Adolphe et des Charles), quant à Bazile avec un *z*, mon dernier petit-fils, quelle invention signale cette lettre inattendue ? Les choses sont appelées par leur nom et se mettent à leur ressembler. Les gens aussi. **Les noms** propres comme les noms com**muns ont un** sens et une étymologie. Ils se sont fabriqu**és,** on les a choisis et on s'y conforme au moins autant qu'à son signe zodiacal, après coup bien sûr, en force rétrograde du vrai.

Ma mère est une Hélène. De son et de sens. C'est beau à prononcer : Hélène, aspirée fermée ouverte longue, comme Hélène de Troie... L'étymologie d'« Hélène », Eschyle la donne dans l'*Agamemnon*, en en jouant. *Helaunô*, « je conduis, je pousse, je pourchasse » : « Hélène, preneuse de navires, preneuse de villes, preneuse d'hommes », *helenas, helandros, heleptolis*. Mais on ne sait pas trop si c'est un actif ou un passif. Hélène, c'est celle qui prend et c'est celle qui est prise : **elle** a été enlevée toute sa vie, par Pâris et c'est la cause de la guerre de Troie, mais déjà par Thésée, le héros fondateur d'Athènes, quand elle avait dix ans. C'est autour de ce nom que le livre, *Voir Hélène en toute femme*, une phrase de Freud, s'est fait avec Maurice Matieu, avec pour finir, page 199 très exactement, la photo de mon Hélène, Caroli-Cassin, assise à un bistrot de la jetée, la mer au fond, se retournant pour sourire au-dessus de la ligne de l'épaule et du bras limpide et doré, ravageur comme le nom. Je vais le dire d'un seul souffle : Hélène, c'est la/ une femme qui les vaut toutes, quand elle fait le tour de l'embuscade creuse, ce cheval de bois que les Troyens ont fait pénétrer dans leur ville, elle appelle par son nom chaque guerrier grec caché à l'intérieur en imitant la voix de sa femme qu'il souffre de n'avoir pas vue depuis dix ans, érotisme absolu de qui vous appelle par votre nom avec la voix que vous voulez entendre, traîtresse aux Grecs comme aux Troyens, on ne sait plus qui sont les siens, si pure et si pute, si rusée et si franche, active et passive, c'est elle la Grèce vaincue *Græcia victa* qui ne cesse de vaincre son féroce vainqueur, elle retourne chaque situation face de chienne surfant sur la haine mortelle des sexes moi épouser un Juif jamais, irrésistiblement surviveuse sans une ride dans les siècles des siècles. Seulement ça n'est jouable qu'avec le beau, en mettant la beauté de son côté, il faut savoir transformer une maison préfabriquée en demeure immémoriale à cause du bouquet vibrant juste à sa place sur la table, et faire d'un riz-poubelle avec les restes de la semaine un plat de dimanche luxueux. L'ordinaire de la magie quotidienne, si c'est une femme. Il faut naître tous les matins, comme l'enfant qui dit « C'est beau ça ».

Barbara Bla bla bla

« Hellène », avec deux *l*, écrivait Isocrate pour resémantiser le nom et montrer que, grâce à Hélène et à la guerre de Troie, les Hellènes, c'est-à-dire les Grecs en langue grecque, s'étaient mis à exister comme tels face aux Barbares. C'est alors seulement que je suis l'autre de ma mère : Hélène/Barbara.

Barbara, c'est mon prénom. On parle d'éponymie, on dit qu'on ressemble à son nom. C'est cela que veut dire éponymie : on suit le nom. Mais parfois aussi c'est le nom qui vous ressemble, on choisit son nom et c'est le nom qui suit. Barbara, je m'y suis conformée et je l'ai choisi, les deux. Barbara, c'est d'abord un cadeau de naissance. Ma mère et mon père m'ont appelée : Laure Sylvie Barbara. Laure, pour Pétrarque, Sylvie, pour Nerval, et Barbara, à cause de l'accoucheur de Maman. Il était américain. Maman a accouché sur un canapé à la clinique de Boulogne, dans sa salle d'attente. Pour se faire pardonner, il lui a suggéré de m'appeler Barbara. Je me prénomme donc Laure Sylvie Barbara, « Barbara » venant de l'étranger, à prononcer à l'américaine, un peu liquide un peu pâteux. J'aimais jouer avec ces trois prénoms. Je me revois toute petite sur le palier de la rue Pergolèse, là où nous habitions. Il n'y avait évidemment pas de vide-ordures dans l'immeuble. À l'étage du dessus vivaient trois sœurs. Elles descendaient la poubelle chacune à leur tour. Je les trouvais ravissantes, ces filles. Elles me plaisaient, elles me parlaient. Et donc je me postais sur le palier quand elles descendaient. La première sœur : « Comment tu t'appelles ? — Laure. » La deuxième sœur : « Comment tu t'appelles ? — Sylvie. » La troisième : « Comment tu t'appelles ? — Barbara. »

À un moment donné, « Barbara » s'est imposé. Dans la famille, on était Totote (ma sœur), Kiki (mon frère), et moi Baba, Bouboune, Bounette. Mais c'est bien plus tard que j'ai compris « Barbara ». Pierre Vidal-Naquet a été le premier à m'appeler « Barbara la barbare », il me l'a répété comme allant de soi dans le train qui nous menait, ensemble par hasard, à l'enterrement de René Char. C'est sa voix que j'entends. *Barbara*, en grec, ce n'est pas un féminin malgré tous les *a*, c'est un neutre pluriel, « barbares », substantif ou adjectif, comme on veut. « Les barbares », ceux qui disent « bla bla bla ». Ceux qu'on ne comprend pas quand ils parlent : une onomatopée pour dire qu'ils font du bruit. Comme « berbère », « babil », « Babel », ou « borborygme ». Un mot passionnant, puisqu'il dit : voilà, il y a quelque chose qu'on ne comprend pas, c'est de l'ordre du signifiant et on ne sait pas quoi en faire. Pour les Grecs, les Grecs du *logos*, ces barbares-là, ce sont les autres. Tout compte fait, quand on est aristotélicien, on n'est même pas sûr que ce soient des hommes. L'homme est un animal doué de *logos*. Le *logos* désigne toute mise en rapport, depuis la proportion (a/b = c/d), jusqu'à l'énoncé, la démonstration, le discours, la raison, en passant par le langage et la langue, cette langue par excellence qu'est la langue grecque. *Ratio et oratio*, comme ont traduit avec génie les Latins. Alors, est-ce qu'ils ont le *logos*, ces barbares, là, qu'on ne comprend pas, qui n'hellénisent pas ? Est-ce que ce sont vraiment des hommes – des hommes comme nous ? D'ailleurs, quand on figure sur les cartes la côte d'en face, l'Algérie, le Maroc, elle s'appelle encore au XIXe siècle : « côte de Barbarie ».

Dans l'exposition *Après Babel, traduire*, que j'ai faite au Mucem de Marseille, il y avait un « mur des Barbares ». Au milieu, un immense tableau de Mel Bochner, en velours noir avec des lettres violemment colorées écrivant « Blah Blah Blah ». Lorsque j'ai été voir Mel Bochner à New York et que je lui ai demandé son tableau, il m'a dit : « *Why not, but why ?* » Je lui ai expliqué que « Blah Blah Blah », c'était l'onomatopée qui donnait « barbare », et que je voulais un mur des Barbares avec son tableau au milieu. Il l'a prêté en toute générosité, et m'a dit le jour du vernissage qu'il n'avait jamais été aussi bien exposé. Dans la première salle, « Babel, malédiction ou chance », une immense maquette de la tour de Tatline, une Babel de bois au travers de laquelle on voyait le mur des Barbares : *Blah Blah Blah* entouré de niches avec six vases grecs du Louvre, plus beaux les uns que les autres, dont un Barbare noir, et Pâris, le Barbare du coin, en train de séduire Hélène ; et puis un « long nez », un caravanier, blanc comme nous, de l'époque Tong, parce qu'on est toujours le barbare de quelqu'un ; et de l'autre côté, une poupée berbère en costume, pour un enfant d'aujourd'hui, « berbère-barbare ».

Je m'appelle donc Barbara. Barbara bla bla bla, parce que, trente-six fesses faisant dix-huit culs, j'aime parler. Voir la lumière et parler à quelqu'un, c'est pour moi depuis toujours une bonne définition du bonheur. On peut parler à soi-même ou au chat, mais sans la lumière, non. En grec, le même radical (*ph-* le bruit du souffle) se retrouve dans « parler, dire » (*phêmi*), lumière (*phôs*) et « mortel » (*phôs*, autrement accentué), une manière de dire l'homme : un mortel qui parle, un allumé. C'est vrai et faux, comme les étymologies et les éponymies, plus vrai que faux comme souvent. Cette conflagration de sens ne laisse rien dehors. Mais on ne la voit que de dehors. Helléniste, je me suis toujours mise du côté des Barbares, sur les bords du grec, sur les bords de la philosophie. J'aime le grec de dehors, à la différence de Heidegger qui perçoit le grec comme cœur battant de son allemand, modèle de langue authentique.

« Plus d'une langue », écrit Derrida en parlant de lui : « On ne parle jamais une seule langue/on ne parle jamais qu'une seule langue. » C'est celui qui est juste en dehors, sur la frontière ou sur le seuil, à la lisière, qui voit le mieux des deux côtés, mon cher Watson. Les sites de rencontre ont tout faux qui se déterminent sur le goût du même, bien sous tous rapports voulant dire comme moi, argent, études, race, classe, goûts, l'accord parfait du même, rassurante aberration que la moindre vie ébouriffe. J'aime bien mieux être en position d'émerveillement, par rapport au grec, par rapport à l'autre. « La philosophie est fille de l'étonnement », « tous les hommes désirent naturellement savoir », disent pourtant Platon et Aristote. C'est ainsi que française j'aime les autres langues, que sexuée j'aime les hommes, et même que juive j'aime les goys, ceux qui n'ont pas trop l'air de me ressembler.

Barbare en philosophie, c'est plus intéressant encore. Les sophistes sont ainsi au bord, au bord externe. Expulsés de la philosophie par Platon, expulsés de l'humanité par Aristote. Le point de vue de derrière la frontière.

C'est avec *La Décision du sens*, ma lecture du principe de non-contradiction chez Aristote, que j'ai eu la première fois l'impression de faire moi-même de la philosophie : voir les choses de dehors, comme un barbare, comme un sophiste, tout soulever en déplaçant le point de vue, et faire basculer la philosophie que j'avais apprise en exposant son point d'équilibre. Difficile de ne pas faire cours, court. Le principe est simple, dit Aristote. Si vous parlez, vous parlez comme moi. Que vous le vouliez ou non, vous parlez comme moi. Parler, c'est signifier quelque chose, et signifier quelque chose, c'est signifier une seule chose, la même pour vous et pour moi. Quand vous dites « Bonjour », vous dites « Bonjour » et vous ne dites pas « Au diable ». Sinon, vous ne parlez pas. Et si vous ne parlez pas, vous n'êtes pas un homme. CQFD.

Ça ne veut pas dire qu'un mot ne puisse pas avoir plusieurs sens : il peut y avoir plusieurs définitions d'un mot, c'est comme s'il y avait plusieurs mots. Car si on faisait les choses bien, si on était philosophes jusqu'au bout, si on avait le temps, il y aurait autant de mots que de sens. Tout le travail de la philosophie, à commencer par le travail d'Aristote à propos du verbe « être », c'est de défaire les sens les uns après les autres, de les étaler, et de montrer que, à partir de là, on peut faire un dictionnaire.

Dès que vous parlez, vous obéissez au principe de non-contradiction, et quand vous prétendez que non, eh bien vous parlez, et pour que vos mots aient un sens, il faut qu'ils en aient un, c'est-à-dire à un moment donné un et un seul. On peut tout rembobiner à l'envers : si tu ne parles pas comme ça-comme moi (encore l'universel de quelqu'un !), tu ne parles pas du tout, tu n'es rien qu'une plante. Aristote ose : *homoios phutôi*, « semblable à une plante » ! Ceux qui sont dehors, ce sont ceux qui parlent pour ne rien dire, pour le plaisir de parler, les sophistes, les sophistes de notre époque – les psychanalystes, de préférence lacaniens. C'est de leur point de vue qu'on voit le dedans de la philosophie. Or, leur point de vue, c'est celui du barbare, cet autre qui fait bla bla bla, cet autre qui n'existe pas.

II

« AVEC UN INSTINCT SÛR »

– Sur la philosophie, la poésie, la philologie,
ou Char, Heidegger, Bollack –

AVOIR POUR MÉTIER SA PASSION

Socrate ? Un Athénien

J'ai eu, en classe de philosophie au lycée La Fontaine Paris 16ᵉ, une professeure, Mme Mottini, qui m'a donné envie de faire de la philosophie. Elle avait des frisures courtes roux foncé tirées en arrière sur les tempes, un front bombé, une vraie bouche, un visage nu. Elle posait des questions simples, elle attendait des réponses simples. Il n'y avait pas besoin de savoir déjà des choses. Mais il fallait penser.

Que cela puisse être un métier de se demander si Dieu existe ou ce que c'est que parler, j'ai trouvé cela si inattendu et si génial que je ne voyais pas pourquoi ce métier ne deviendrait pas le mien. Merleau-Ponty suggère d'avoir pour métier sa passion : c'est aussi simple que de s'installer dans un endroit beau. Quand on peut... Mais pourquoi, après tout, ne le pourrait-on pas ? Lorsque j'ai vu pour la première fois le soleil, les oliviers et les ruelles du Midi, j'ai bien pensé que c'était là qu'il fallait vivre et, en tout cas, mourir.

J'étais bonne en classe, en mathématiques, en français, j'aimais beaucoup faire du grec, du latin, etc. Il aurait été beaucoup plus simple pour moi de faire des lettres. J'aurais sans doute eu plus facilement l'agrégation, un poste de professeur, j'aurais sans doute réussi avec légèreté toutes ces choses que j'ai essayé de faire sans y arriver. Mais la philosophie m'est apparue comme une chance, un espace ouvert. Dans la contrainte aimable des études, soudain l'horizon n'était plus borné, la liberté régnait.

J'ai deux souvenirs très précis de ce.tte professeur.e. Une fois, tout au début, elle a demandé qui était Socrate. Et moi en bonne petite élève, helléniste de surcroît, j'ai levé la main, j'avais une longue réponse prête dans ma tête et j'ai commencé par : « C'était un Athénien. » Elle m'a dit : « Ça suffit. » Un coup de poing bien placé. Je trouve cela parfait quand on vous arrête sur quelque chose. Qu'on vous fait entendre ce que vous venez de dire sans y penser. On voit bien la parenté avec la scansion analytique. On vous arrête, et la phrase prend vie. Elle rebondit vers vous. Ça suffit... ben oui ça suffit. *Anagkê stênai*, il faut s'arrêter. Aristote dit cela à propos de la chaîne des causes : on s'arrête à, mettons, dieu. Dieu comme nom de là où l'on s'arrête, voilà une définition convenable, pas trop colérique.

Expliquer pourquoi ça suffit, c'est décrire Socrate. De la belle et bonne pédagogie, qui vous fait comprendre la Grèce, l'agora, le dialogue mouche du coche, le « Connais-toi toi-même », la philosophie d'un seul coup d'un seul – par différence avec l'analyse où c'est à vous de faire le travail. Bien plus tard, Étienne, mon mari, a tenu ce rôle. Il pouvait me dire : « Stop, on arrête là. » Il était moniteur d'équitation et savait arrêter un cheval, une femme. Nous nous sommes rencontrés ainsi.

Un matin, Mme Mottini nous a demandé de raconter par écrit le rêve que nous avions fait, certainement fait, la nuit précédente. Le lendemain, elle nous demande d'écrire, sans regarder le devoir de la veille, le récit de ce même rêve. Et le surlendemain, encore. Pendant toute une semaine. Ensuite, elle demande à chacune de lire tous ses récits, à la file. À quel point cela s'appauvrissait, avec quelle vitesse, quelle violence. Et quels traits restaient, formés transformés. Voilà un très bon professeur. Je n'ai jamais rien lu d'elle, j'ai simplement vu qu'elle avait publié un livre chez Vrin intitulé, si je ne me trompe, *Essai d'ontologie spécifiquement féminine*. Cela m'a fait très peur. À vrai dire, je l'ai un tout petit peu ouvert, et j'ai cru voir que l'expérience ontologique centrale des femmes, c'était l'accouchement. Là, j'ai eu vraiment peur.

Peut-être est-ce Mme Mottini qui m'a donné envie d'enseigner. C'est inestimable d'être avec des gens plus jeunes avec lesquels on peut inventer. Ou plus vieux – parce que, quand j'ai enseigné pour la première fois, les élèves étaient tous plus âgés que moi. On a ouvert une porte et on m'a poussée à l'intérieur d'une classe de matheux mâles qui devaient faire de la philosophie, supplément d'âme interdisciplinaire, à l'université de Villetaneuse. Chargée de cours, payée presque rien six mois plus tard. Après le chahut et les sifflets, on a pu s'entendre. Je leur ai proposé d'essayer de répondre à des questions philosophiques sur les mathématiques – qu'est-ce qu'un chiffre, un nombre, une opération, *ti esti*, qu'est-ce que c'est ? Je commencerais, j'irais des Grecs au XVIIIe siècle, et ils prendraient le relais. Ils en ont oublié, pour la plupart, de jouer aux cartes les pieds sur la table.

Ce genre de partage inventif est du bonheur pur. Mais le statut de l'enseignant, la salle des profs, fonctionnent comme des repoussoirs. Autant je n'avais pas envie de ressembler à ce que j'avais vu de mes professeurs en général, même les bons, ni à ce que je voyais de mes collègues, de me retrouver coincée comme eux, autant je crois qu'enseigner est de l'ordre de la merveille. Ma première année était une année de stage puisque je venais d'avoir par hasard le CAPES, certificat d'aptitude pour l'enseignement du second degré, l'agreg des mauvais ou des prolétaires, qui leur assure d'être toute leur vie des professeurs de lycée trimbalés loin de leurs désirs au gré des affectations. Mais l'année de stage obligatoire était parisienne et bénie. J'avais plusieurs classes au lycée François-Villon, porte de Vanves, qui, disait-on, craignait. Oui, certains élèves se cognaient dessus à la sortie, parfois avec des chaînes de vélo, mais enfin ils étaient scandalisés que je fume en classe.

Ce fut un moment d'idylle. J'avais une petite voiture décapotable, verte, et un petit caniche, noir. On m'avait donné les pires horaires, Samedi matin 8-9 et 12-13 avec trois heures de battement. Même pas mal, parfait pour le marché aux puces. Je laissais mes clefs aux élèves qui avaient le permis pour qu'ils bougent la voiture et baladent le chien, tout s'intriquait avec la vie. Le proviseur m'a fait appeler, j'y suis allée inquiète. Il m'a demandé de cesser de fumer pendant les cours, il a ajouté qu'il était chargé d'un message : j'avais en philo le fils du professeur de maths et, pour la première fois de sa vie, cet enfant était heureux d'aller en classe. C'est le médecin scolaire qui m'a obligée à arrêter avant la fin de l'année, en comptant le nombre d'escaliers qu'enceinte je montais par jour.

Un jour un texte

Pour s'en sortir quand on est élève ou étudiant, il faut avoir un jour un bon professeur, en avoir eu au moins un dans sa vie. Comme il faut être deux, ou hélas avoir été deux (c'est Bachelard qui parle), pour nommer une aurore. J'ai vu se transformer chacun de mes fils ainsi. Un bon professeur : quelqu'un qui réussit à ouvrir suffisamment les choses pour qu'un texte, n'importe lequel, devienne perceptible, assez nourrissant dès lors pour qu'on se déplace à partir de lui – c'est sans doute ce qu'on appelle une « méthode », la route qu'on suit et qui accompagne. Rien de mystérieux ni de mystique. Aristote le dit le plus simplement du monde : « Tous les hommes désirent naturellement savoir. »

Pour Victor, je m'en souviens, ce fut *La Sorcière* de Michelet. Un professeur le lui a proposé, je n'y aurais jamais pensé et ça n'aurait pas fait le même effet. Donc *La Sorcière* : d'un seul coup, l'histoire, le Moyen Âge, le sacré, la magie, le trouble, la peur, évidemment l'autre, le mauvais autre, la femme. Et tout ça mélangé, dans le danger et la perception du danger qu'il pouvait y avoir à être et à penser. Un vrai livre et une vraie ouverture.

Mon autre fils, Samuel, je l'ai vu prendre intérêt pour la première fois quand il a lu *La*

Terre de Zola. Quelques pages : une fermière accouchait, et une vache vêlait en même temps. Ce n'était pas tant l'accouchement qui comptait, c'était l'emboîtement des descriptions. Cette perception que les femmes sont aussi des animaux, que les animaux sont aussi des êtres sensibles et intelligents, et que la manière dont on les traite, la manière dont on se traite les uns les autres, n'est pas sans lien. Songeant à ce que chacun de ces deux enfants fait aujourd'hui, je peux croire comprendre comment leurs trajets sont liés à cette première lecture rendue possible par un bon professeur inconnu de moi, qu'il faut et qui suffit.

Le bon professeur vous donne un jour un texte : un jour, un professeur de lettres m'a donné Homère (je n'ai pas oublié son nom : Mlle Guignabert). Les vers de l'*Iliade* qu'il fallait apprendre par cœur, je les répétais le matin dans le métro, en mettant le ton, avec le signifiant qui va avec. Je me souviens des pleurs de Thétis au chant XVIII quand elle accourt près d'Achille à la mort de Patrocle : « Mon enfant, pourquoi pleures-tu ? » J'entends les sons, deux membres de phrase à jamais ; elle la Néréide aux pieds d'argent pousse une plainte aiguë : *oxu de kôkusasa*, tout en aigus tristes, sans *i* et plein de *u*, au féminin maternel ; lui, le héros aux belles boucles, choisit la gloire, *kleos*, une vie dans les siècles des siècles, mais on l'entend soupirer de toute la largeur de sa poitrine, *baru stenakhôn*. Homère possession pour toujours – ce que Thucydide dit de l'histoire. Il fabrique le grec comme Dante l'italien ou Luther l'allemand, mais lui, ce n'est personne, pas quelqu'un en tout cas, des bardes, des aèdes, des tout-le-monde, *oxu de kôkusasa baru de stenakôn*, à la lisière perméable de la pensée et du son. Une langue, c'est la beauté du monde.

Le jeu de cartes dans la main

Chacun se retrouve avec un jeu de cartes dans la main. On vous en a donné, on en a choisi, on s'en est fabriqué quelques-unes. Jean-Toussaint Desanti m'expliquait ainsi son dernier livre, que j'avais édité : « C'est toujours le même jeu de cartes mais je les ai rangées dans un autre ordre. » Ce n'est que trop vrai : dans *Quand dire, c'est vraiment faire*, j'ai décrit ma main complète, avec les cartes déjà jouées – un immeuble vendu par appartements, dont certains restent peut-être à visiter.

Comme avec les récits de rêve que Mme Mottini nous obligeait à re-raconter, quand on me demande aujourd'hui de parler de ce que j'ai fait, de la logologie sophistique, du poème de Parménide comme récit du grec et nouveau roman de l'ontologie, de la décision du sens chez

Aristote, de la nostalgie ou des intraduisibles, soudain je me retrouve pauvre, avec des mots usés pour répéter en moins bien ce qui devient par ma propre moulinette des éléments de langage loin des affects de découverte, d'invention, de hasard proliférant, et je ferais mieux de me taire. D'une certaine manière, ce livre est fait pour me rendre le terreau ou la chair des idées, quelque chose comme une psychanalyse des concepts ou pseudo-concepts, un retour aux sources et du tourisme sans vergogne. Loin de l'usure du papier, comme si, comme quand, un jour Char marchait dans la rue pour rentrer chez lui, son œuvre en équilibre sur la tête, elle est tombée et il en est resté trente-trois morceaux qu'il a ramassés. Je n'ai pas d'œuvre en équilibre sur ma tête, elle est déjà en morceaux par terre, bouts de plantes mal bouturées dont on voit les racines. Comme dit Gorgias : rien n'est, si c'est c'est inconnaissable, si c'est et si c'est connaissable on ne peut pas le communiquer à autrui ; et Freud, à son habitude, attrape l'humour juif de la sophistique : je n'ai pas emprunté le chaudron, d'ailleurs je te l'ai déjà rendu, d'ailleurs il était déjà troué quand tu me l'as prêté.

La gestion redevient de l'invention quand on enseigne, quand on déterritorialise pour de bon – pour moi : au Brésil, en Ukraine, en Afrique du Sud, en Chine, à Baltimore ; ailleurs d'une manière ou d'une autre : sur les terres de la psychanalyse, en maternelle, dans les classes d'accueil, aux énarques. Ainsi, j'ai eu la sensation d'inventer en faisant cours de culture générale (ça s'appelait ainsi) aux postiers qui préparaient l'ENA via le concours interne. On n'allait pas les juger tout à fait de la même manière, il y avait tant de force et d'espoir. L'un d'eux m'a demandé : « Madame, au bout de combien de livres on est cultivé ? » J'ai répondu par une stratégie : « Vous ne pouvez pas ignorer ce que vos examinateurs savent et attendent que vous sachiez, moi je l'ignore et je ne peux pas vous l'apprendre. Mais je vais vous enseigner quelque chose que ceux qui vont vous juger ne savent pas. Vous allez le leur faire découvrir, ce sera votre passeport, votre couteau suisse. » Et j'ai lu avec eux Hannah Arendt, *La Crise de la culture* que nous venions juste de traduire avec Patrick Lévy pour Gallimard : pour la crise et la culture, mais aussi pour le travail, l'histoire, la religion, l'art, la diffusion de masse, le politique, la politique, les Grecs, les Romains et nous ; avec en contrepoint *Men in Dark Times*, *Vies politiques*, pour les paradigmes de vie, hommes et femmes, qu'Arendt met en récit, de Giuseppe Roncalli (le futur Jean XXIII) à Rosa Luxemburg en passant par Karen Blixen.

Hannah Arendt n'appartenait pas encore en France au pot commun des idées, et beaucoup ont été reçus.

« Les abeilles de l'horizon »

En hypokhâgne au lycée Pasteur, il y avait de vrais professeurs, avec chacun son bout de folie qui le rendait encore plus intelligent. Et de vrais élèves comme, dans la classe du dessous, Alain de Libera, drôle et ami pour toujours. Michel Deguy était notre professeur de philosophie, ami lui aussi jusqu'à aujourd'hui. Il venait de recevoir le grand prix de poésie, arrivait en moto, fumait en classe et n'avait pas besoin de préparer ses cours : on va lire un peu de Merleau ; la dialectique, il faudrait en parler. Un premier sujet de dissertation ? Quand même pas « La bouteille de lait », comme l'avait osé Sartre, mais « La limite ». J'ai eu 10 sur 20 : « Le côté dialectique est entrevu. »

Pour son dernier cours de l'année, il nous avait récompensés comme des enfants en lisant « La Sorgue » de Char. Je trouvai ce poème à la fois grandiloquent et gnangnan quand il l'a lu, et lui aussi peut-être. Mais il s'est mis à l'expliquer comme s'il était en train de l'écrire, par quel étrange lien le mot d'avant tenait au mot d'après, il a déplié chaque bout en poète qu'il était, et c'est devenu irrésistible. Au point qu'aussitôt j'ai voulu rencontrer celui qui avait été capable d'écrire ce poème-là. C'était l'été de mes dix-sept ou dix-huit ans, j'ai accepté avec joie la proposition de mon parrain Philippe

Baraduc (le fils de Guite à qui ma mère avait confié mon éducation catholique) : jouer dans le feuilleton qu'il produisait pour la télévision, *L'Âne Culotte* d'Henri Bosco. Nous tournions à Lourmarin, le village de Bosco et de Camus, en plein Lubéron – non : Luberon, sans accent parce que sans sommet. Je faisais de la figuration intelligente, une bohémienne qui disait la bonne aventure près de la fontaine, je découvrais le Sud, le monde du cinéma, une guêpe s'est prise dans mes jupons.

Je suis partie seule voir la Sorgue qui nous garde violent et ami des abeilles de l'horizon. J'ai sillonné à pied l'Isle-sur-Sorgue pour trouver la maison, c'est-à-dire la coquille, le dehors, de celui qui était suffisamment bel et bon pour écrire ce poème. J'étais sûre de pouvoir la reconnaître sans demander, parce que j'avais naturellement foi dans le grec : *kaloskagathos*, « bel-et-bon » en un seul mot-valise, pour dire que le dehors et le dedans ne peuvent pas ne pas coïncider. Je suis rentrée bredouille évidemment. Évidemment ? Je persiste à croire au *kaloskagathos*, le bien se voit par le beau, Nietzsche a raison : les Grecs sont superficiels par profondeur, nous toutes aussi, et les enfants que nous mettons au monde. Victor *lou ravi* avait comme première exclamation à tout bout de champ : « Oh, c'est beau ça ! », que bien plus tard : « Non, c'est pas bon, c'est délicieux ! » a détrônée.

Évidemment : l'année d'après il y eut 68, la rue de Lanneau, le séminaire du Thor et j'ai rencontré René Char. À mon insu de mon plein gré, j'avais projeté les pseudopodes qui permettaient que ça tienne debout. C'est ainsi que la vie se met en marche, qu'elle anticipe sur elle-même. Avec mes poings trop bleus, étonnez un enfant.

Je préfère rater – « *I would prefer not to* »

J'ai dû comme tout le monde en classes préparatoires lire un bout de Descartes, un bout de Spinoza, un bout de Kant, un bout de Hegel, et tout cela a bien dû m'étonner par sa force, par sa liberté, par sa singularité. Mais je ne me souviens de rien. Le texte que je récitais dans le métro, c'était Homère, et je ne suis pas sûre de faire la différence entre la plainte aiguë de Thétys mêlée aux lourds soupirs d'Achille et la philosophie, ou plutôt je suis sûre aujourd'hui de ne pas faire la différence. J'en déduis que, par rapport à ce qui est institutionnalisé comme philosophie, j'ai dû être très folle. Lorsque j'ai passé le concours d'entrée de l'École normale supérieure, celui de Sèvres qui à l'époque était réservé aux filles, j'avais fait mes petits calculs post-68 : il y a moins de chances d'avoir l'agrégation de philosophie en n'étant pas normalienne que d'avoir un enfant en prenant la pilule. Je n'ai pas été normalienne. Quand j'ai pénétré boulevard Jourdan dans l'École normale de jeunes filles puisque c'était là qu'on concourait, l'odeur m'a saisie. Il y a parfois des odeurs de prison, d'hôpitaux, d'Ehpad, de cages d'escalier, qui font fuir. Là, c'était un mélange de couvent et de colique. Lorsque j'ai fait le devoir de français, je crois que j'ai fait un devoir de philo. Lorsque j'ai fait le devoir de philo, je crois que j'ai fait un devoir d'histoire. Lorsque j'ai fait le devoir d'histoire, je crois que j'ai fait un devoir de français. Il se trouve que la perméabilité des genres est un moyen d'échouer et de s'en tirer, de se tirer. Quand on me demande d'où je parle, vraiment je ne sais pas. Je regrette de ne pas pouvoir le dire simplement.

J'ai boycotté deux fois l'agrégation, comme beaucoup (« Crève salope ! » « Oh, je ne mérite pas ça », répondait en roulant les *r* Dinah Dreyfus, l'inspectrice générale qui prenait cela pour elle), puis je l'ai ratée six, non huit fois. J'aimais beaucoup préparer l'agrégation, tout lire d'un auteur y compris la littérature secondaire, bonne et mauvaise, vite et lentement ; à raison de deux auteurs par an, c'est ainsi que j'ai appris la philosophie. J'ai cessé de la présenter en 1980, à la naissance de Victor. C'est l'inspecteur général qui gardait la salle qui m'a délivrée comme on réveille une endormie. Il a fallu que j'allaite avec un plaisir sans mélange, que le bébé ne connaisse pas le biberon, que son père me l'amène pour la tétée au milieu d'une épreuve qui durait six heures. J'ai entendu Victor pleurer dans le couloir, mon lait s'est mis à couler sur la copie, je suis sortie de la salle et nous nous sommes posés à l'écart dans une classe vide. J'ai commencé à donner la tétée et la porte s'est ouverte. L'inspecteur a eu un instant de recul, il nous a vus tranquillement assis loin l'un de l'autre, le bébé au sein, nous n'avions pas l'air de tricher. Il s'est excusé devant le sein nu. Quand j'ai réintégré la salle, que j'ai vu ma copie trempée de lait, je n'ai pas eu envie de me rasseoir et je la lui ai rendue pour partir. Il l'a prise très gentiment du bout des doigts en murmurant : « Vous devez être très fatiguée, madame. Revenez l'an prochain. » Sa gentillesse m'a délivrée.

Des amis m'avaient pourtant tout bien expliqué. Mais je ne peux pas m'empêcher de mettre, splatch, les pieds dans la mare. Peut-être est-ce une angoisse réelle sur le moment qui fait que non, j'aime mieux rater. Peut-être cela vient-il de loin, des empêchements de mon père, des taches aveugles de ma mère. Mais peut-être aussi que, pour de bon, je préfère rater un certain nombre de choses. « I would prefer not to », comme Bartleby. J'aime mieux dire que je préfère plutôt que de dire que je rate tout court. C'est plus simple comme ça. Les choses peuvent se passer sans douleur quand elles ne comptent pas. Peut-être que je n'aime pas être jugée et que c'est juste du narcissisme. Mais peut-être aussi qu'il faut s'abstenir de faire ce qu'on n'aime pas vraiment et que c'est à chaque instant le bon moment pour ne pas. Aujourd'hui plus que jamais, la grève intime généralisée, *simul et singulis*, « tous ensemble et un par un » (c'est la devise de la Comédie-Française, qui convient à l'Académie française et à l'Europe), pourrait faire bouger une démocratie non violente postconfinée. « Une société de travailleurs sans travail, on ne peut rien imaginer de pire », disait Arendt, eh bien, préférons ne pas. Pour parler comme ceux que je n'aime guère, il faut changer de logiciel. Casser le thermomètre. Ne pas courir après la même croissance brune seulement habillée de vert et avec un handicap à rattraper. Préférons ne pas. La dette, c'est une affaire de confiance – *fides*, de « foi » ? Ayons confiance : de dette, il n'y a pas. De toute manière, on fabrique la monnaie et on s'emprunte à nous-mêmes. Il est profondément anormal et injuste (au sens de *unfair*) que tout en dépende mais que personne ne l'explique avec assez de clarté. Tout un chacun citoyen-votant devrait pouvoir comprendre, ou comprendre au moins ce qui l'empêche de comprendre.

Quant à l'agrégation proprement dite, c'est peut-être au fond que je ne peux pas me retenir avec les mots, et qu'il devient alors difficile de s'agréger. J'ai un souvenir très précis. Il était une fois Aristote et Leibniz au programme. J'avais travaillé Leibniz avec passion ; je venais de faire mon DEA, diplôme d'études avancées, avec Ferdinand Alquier sur la correspondance entre Leibniz et Arnaud après le *Discours de Métaphysique* : « Conviction et démonstration dans la polémique philosophique entre Leibniz et Arnauld ». Le constat incroyable, mais évident dès qu'on y réfléchit, c'est que la discussion entre eux s'arrête au moment où ils prononcent la même phrase : « Ce qui n'est pas véritablement un être n'est pas non plus véritablement un être », la même phrase en l'accentuant différemment, Leibniz sur *un*, Arnauld sur *être*. À ce moment précis, ils ne se comprennent plus. Ce fut mon premier choc en ce qui concerne le rapport entre les mots et la raison, l'ontologie et la rhétorique, les équivoques et leur partage.

D'Aristote, je lisais la *Métaphysique* avec étonnement et désir. Nous avions à expliquer un texte du livre *Lambda*, sur le dieu. On nous l'a donné dans la traduction Tricot. Tricot, paraît-il, était contrôleur, inspecteur de wagon-lit, traduisant tout Aristote dans ses nuits ferroviaires ; souvent plutôt bien, mais guidé pour dieu – non : pour Dieu majusculé – par saint Thomas, avec des notes et des notes pour justifier et confondre. J'étais jeune et sourcilleuse ou prétentieuse, j'ai retraduit à partir du grec que je savais presque par cœur, tant il me paraissait impensable de parler d'un dieu païen, unique parce que en bout de chaîne, comme du Dieu des chrétiens. « Irrésistiblement », chantait Sylvie Vartan : c'est vrai, les mots sont irrésistibles et je ne sais pas leur résister. J'ai conclu ma copie en écrivant que, d'Aristote à Leibniz, on passe de Dieu premier moteur à Dieu promoteur. Pour Aristote, il y va d'un moteur immobile qui meut tout le reste ; pour Leibniz dans la *Théodicée*, c'est l'architecte du grand immeuble des mondes possibles, qui nous permet d'habiter tout en haut dans le meilleur des appartements. De Dieu premier moteur à Dieu promoteur, j'ai eu une si mauvaise note que je suis allée à la confession – c'est ainsi qu'on appelait le rendez-vous que donnaient les correcteurs quand on voulait comprendre sa note. J'avais deux notes très différentes, une presque bonne et l'autre proche de zéro. Celui qui me recevait m'avait donné la plus élevée, il m'a demandé : « De Dieu premier moteur à Dieu promoteur, ce n'est pas de vous hein ? C'est de Beaufret. » Beaufret est l'un de ceux qui ont introduit Heidegger en France. Beaucoup de mes amis étaient en khâgne à Condorcet rien que pour l'écouter ; il permettait qu'on suive ses cours en auditeur libre et c'était mon cas.

Mais j'ai protesté : c'est moi qui avais inventé la phrase. Alors le correcteur m'a dit très gentiment ce que je répète sans modestie : « Ça, c'est du génie, mais ce n'est pas du talent. C'est du talent qu'il faut pour l'agrégation, surtout pas de génie. » Ça m'a consolée.

Miss Nouilles

Quand 68 est arrivé, le monde s'est ouvert. Nous étions, tous et chacun, des animaux politiques, des animaux doués de parole, et la politique était la science architectonique. Sous les pavés la plage, les affiches et les phrases disaient juste. Dieu est mort signé Nietzsche, Nietzsche est mort signé Dieu. Laissez la peur du rouge aux bêtes à cornes. Je les ai revues lors de l'anniversaire en 2018 et toutes trouvées d'actualité. Je faisais mon apprentissage dans la cour de la Sorbonne, dans les AG, à Censier, sur les barricades, j'ai entendu craquer le crâne d'à côté. Les inventions politique philosophique poétique visuelle sociale amoureuse se conjuguaient vivantes. Mes parents ne comprenaient rien mais comprenaient tout, ne partageaient rien mais partageaient tout. Nous apprenions.

Deguy à l'époque avait déjà une *Revue de poésie*, qu'il avait commencée à l'envers par le dernier numéro, non pas le 1 mais, mettons, le

40, pour être sûr de pouvoir la réinventer. Mai 68 serait un numéro blanc, à remplir par nous, tous nous, nous tous. Mai fini, l'essence revenue dans les pompes, les gens partis en week-end, nous ne pouvions arrêter là. Nous avons créé un ovni, une mini-université alternative rue de Lanneau, dans l'appartement que mon frère venait de quitter et où je n'habitais pas encore.

On m'appelait Miss Nouilles, je faisais tous les soirs une *pasta* différente pour ceux qui se trouvaient là. Un squat intellectuel aimanté autour d'un homme : Godofredo Iommi, poète chilien, ami de Michel Deguy et notre ami à tous. Il avait fondé l'École d'architecture de Valparaiso, arpenteur avait été l'un de ses beaux métiers. Le monde continuait de se découvrir, palpitant de normes inconnues, avec des pour-toujours déjà au futur antérieur. Godo écrivait une autre Divine Comédie ; il avait parcouru, avec le designer Henri Tronquoy, le peintre argentin Jorge Perez-Roman et Michel Deguy pour chauffeur, l'Amérique du Sud jusqu'en Patagonie afin de tracer la Croix du Sud sous la Croix du Sud : « L'Améréide ». Il avait fondé la *Ville Ouverte*, la *Ciudad Abierta*, avec l'École d'architecture de Valparaiso, sur un grand terrain près de la plage : non pas « à chacun selon ses besoins », mais « à chacun selon ses désirs ». À l'assemblée, toutes les semaines je crois, il était tout aussi légitime, de dire : « Moi, je voudrais un nouveau chapeau et des couleurs pour peindre », que : « J'ai besoin d'une cheminée pour chauffer la maison. » Au-delà du communisme : le désir, c'est un besoin encore plus que le besoin. Un désir n'est pas la même chose qu'une envie, cela engage vos capacités, vos possibilités et vos réalisations, votre rapport aux autres.

Godo avait aussi inventé la *phalène*, une sortie poétique improvisée toutes traditions confondues. « Phalène », le mot s'était trouvé en ouvrant le dictionnaire au hasard et en posant le doigt sur la page. On se brûlait les ailes à tout bout de champ. Comme on s'arrêtait en pleine nuit et que les sites les plus sauvages sont souvent ceux des décharges publiques, on se réveillait près d'une poubelle. Godofredo déclamait au petit matin : « Je suis le ténébreux, le veuf, l'inconsolé. » Rue de Lanneau, nous à géométrie variable, nous de toutes les générations, nous de toutes les disciplines, lisions ensemble. La rue de Lanneau est réunie sur une photographie-mémoire, j'ai la plaque de cuivre gravée, je connais les noms des vivants et des morts, des célèbres et des oubliés, des aimés, des passants considérables, de ceux que je revois encore aujourd'hui en chair ou en rêve. Deguy Godo Perez-Roman Tronquoy Beaufret Breton Fourcade Fédier Vezin Lévy Bontemps Davreux Huraut Josée Juan Pablo Laurette Dalla Fior Vergnioux j'en oublie, une trentaine sur la plaque photographique en cuivre que l'on m'a offerte en partage. Au travail, chacun à sa manière, mais tous *autour*. Autour de quelque chose à comprendre et à faire, même si Godo jouait l'aimant, c'était l'objet commun qui commandait. On filmait « la disjonction absolue », on lisait la *Théogonie* d'Hésiode (« pour parler, il faut le chaos »), la *Rhétorique* de Quintilien, le *Banquet* de Platon. Perez-Roman nous a peints la coupe à la main sur un immense papier kraft qui occupe tout un mur à la maison – enfin les hommes, pas les femmes : Robert Davreux, divinement beau en Alcibiade pampré, Jacques Bontemps en Agathon constipé, et Godo en Socrate, avec ventre blanc et sereine attention.

Ce moment cher à tous fut pour moi la première expérience de travail collectif, « autour » justement, aimanté mais non dirigé. C'est ainsi, allant de soi à partir d'une idée-désir partagée, que se fabriquera le *Dictionnaire des intraduisibles*, trente et quarante ans plus tard (il aura fallu quinze ans pour le confectionner, non le finir). Une inventivité conviviale, chacun en prise sur un savoir, une langue, une époque, qu'il pousse à bout et réinvente au fur et à mesure, libre de se singulariser à sa manière à condition d'être présent à l'objet. Rien qu'avec des amis, qui entraînent d'autres amis. La seule et commune méthode pour la lecture, pour l'interprétation, pour la traduction, c'est l'attention à ce qu'on n'attend pas, à ce qu'on ne comprend pas. Savoir-faire avec les différences, entre les hommes, entre les mots : pourvu que cela ne devienne pas seulement un lieu commun !

« VOUS CHOISIREZ VOTRE SIÈGE »

Es gibt, il y a

Heidegger avait l'air d'être fasciné par Char, Char n'avait pas l'air d'être fasciné facilement, sinon par l'alouette, peut-être par les présocratiques (de toute manière, les livres étaient pour lui des escargots qui rentraient leurs cornes quand on les touchait), mais il tenait Heidegger en estime puisqu'il le recevait chez lui. Il recevait en même temps un petit nombre de visiteurs choisis par François Fédier pour la seconde année consécutive. C'était en 1969, au séminaire du Thor, j'avais vingt-deux ans.

Avec Jean Beaufret à l'horizon et François Vezin sur l'arrière, François Fédier était le maître des cérémonies. Il comprenait, expliquait traduisait, révérait Heidegger et Hölderlin, philosophie et poésie, et hésitait à poser la *mania* poétique, avec sa date incendiaire la rapidité, au-dessus de l'endurance de la pensée. Il était ou allait être professeur en hypokhâgne à Pasteur, après Michel Deguy qui transfugeait, lui, de la philosophie à la littérature, devenant professeur à Paris-VIII Vincennes. Un petit monde, lié à la rue de Lanneau.

Il faut comprendre que la philosophie qu'on faisait à l'époque à Paris, quand on échappait à la sphère directement politique, était plutôt heideggérienne. C'était plutôt là qu'on apprenait des choses. Sur ce fond qu'on lisait Nietzsche-Marx-Freud, Marcuse ou Foucault, et les Grecs bien sûr. On ne rencontrait pas la philosophie analytique et elle s'est vengée.

Il y a, *es gibt* : les philosophes d'alors se positionnaient par rapport à Heidegger d'une manière ou d'une autre. Les grands professeurs, quand ils étaient vraiment grands, travaillaient là où Heidegger n'avait pas mis son nez. Deleuze était ab-heideggérien, s'intéressant aux stoïciens, à Spinoza. Derrida était an-heideggérien, c'est-à-dire qu'il travaillait les mêmes autrement, Platon, Aristote, Husserl. « Un contre-torpilleur est d'abord et avant tout un torpilleur » : cette phrase, vraiment de Beaufret, dit tout. C'était Heidegger que les bons khâgneux connaissaient. Tous ceux que je rencontrais, tous ceux qui savaient, lisaient Heidegger et entendaient la philosophie à partir de lui. Je l'avais pour ma part très peu lu, si révéré *up to date* que je me sentais plus à l'aise avec Leibniz ou Aristote.

Ce qui pointait d'orthodoxie était immédiatement insupportable. Mais il y avait tant d'autres orthodoxies pendant et après 68, autrement pénibles. Femme rouge, de plus en plus belle… Trotskistes, maoïstes, certains étaient mes amis et parfois le sont restés. Grâce à l'éventail des doctrines, je circulais d'une orthodoxie à l'autre, ça permettait de respirer. Et il n'était pas trop compliqué d'en rire : j'ai eu un copain normalien capable d'excommunier qui jouait magnifiquement du piano en costume éponge sur mesure dans la cave de son hôtel particulier avenue Matignon sous un portrait de Mao.

Rue de Lanneau, juste après mai, il y avait quelque chose qui tenait bon : on pouvait inventer à la fois en politique, en philosophie et en poésie. C'était ouvert, c'était libre et c'était à nous de le faire. J'ai parlé de l'agrégation, mais la vérité vraie, c'est que ça n'avait aucun intérêt d'écrire une dissertation. Ça n'avait aucun intérêt d'avoir l'agrégation, sinon l'agrément financier. C'était même potentiellement catastrophique. Il ne fallait pas dévier d'un pouce. Rien ne valait de sacrifier quelque portion de liberté que ce fût. Parmi les amis avec qui j'étais rue de Lanneau, ceux de mon âge, certains sont devenus professeurs. Patrick Lévy par exemple, qui nous a engagés à traduire Hannah Arendt, si peu connue en France à l'époque. Je ne dis pas que c'était parce qu'il était professeur, mais je dis qu'il s'est suicidé. Il s'est jeté sous un pont, le même que Paul Celan. Il avait des yeux bleus comme personne n'en a jamais eu, une intelligence et une culture que je n'ai plus rencontrées. Simplement, être professeur à Semur-en-Auxois, et en rabattre, en rabattre et en rabattre encore... La question revient quand même : qu'est-ce qui s'est passé au séminaire du Thor d'absolument irrécupérable par la médiocrité ? Irrécupérable pour le meilleur et pour le pire.

Le meilleur, c'était l'attention.

Heidegger apparaissait (*phainetai*, brillait-semblait, soyons phénoménologues) en même temps comme un tonnelier bavarois – petit, bedonnant, moustachu, alerte quand il fait un carreau à la pétanque – et comme un aigle avec des yeux d'aigle, un nez d'aigle, les deux faces unies dans le rythme hallucinatoire d'une parole. On entendait la pensée se penser, la parole parler, et on pouvait la révérer, l'imiter ou, comme moi, s'en ébaubir, un peu. Bien sûr que j'avais conscience de participer, à tout le moins d'assister, à quelque chose d'exceptionnel. Ce qui ne veut pas dire que je savais par quel bout le prendre, sinon le plus naturellement du monde. À vrai dire, je viens de faire ce que je savais qu'il ne fallait pas faire : relire des lettres, les protocoles du séminaire, mes propres poèmes. Je ne sais plus ce que je comprends, et je suis submergée, en grande partie, par ma bêtise d'aujourd'hui.

Le protocole du 9 septembre m'avait été confié, son ébauche du moins ; le dernier bout de la dernière phrase est la seule chose dont ma main se souvienne : « et pourtant, c'est sur la chaise *en tant que* chaise que je suis assis » (assis et non assise, tant pis). Mais, là aussi pour le meilleur et pour le pire, règne au milieu de la page d'avant

« Être : Rien : Même[2] ? »

Une mise en mots de la moelle intouchable de la pensée heideggérienne, à savoir la différence ontologique : l'Être, par différence avec ce qui est, l'étant. C'est l'étant que nous fréquentons d'habitude, d'autant que nous en sommes un nous-même – plus ou moins excentrique, instable, ek-sistant hors de soi dans le temps et dans la mort, plus ou moins privilégié parce que gardien, « être-là » de l'Être, *Dasein*, allons-y pour l'allemand. La différence entre l'être et l'étant éclate dans le rapport entre Être et Rien, allons-y pour les majuscules. Être : Rien, avec deux points entre les deux. Il y va d'un blanc, un suspens, une identité ouverte, qui greffe le *es gibt*, le *il y a* de l'Être, le *est* (« est », mais heideggériennement : « Est ») par lequel commence le poème de Parménide, sur le Rien. Mais non pas un petit rien, tel un aveugle simplement privé de vue par comparaison avec un voyant, mais un grand Rien, le Néant qui néantit, de même que la pensée pense, la parole parle, ou précisément l'Être est. La différence entre « Être » et « étant », grand *E* et petit *e*, fait de l'Être tout sauf quelque chose, donc « Rien ». À ne pas confondre avec un petit rien, comme dirait Raymond Devos, car « rien », le savez-vous, c'est *rem*, l'accusatif de *res*, « chose », en latin. Donc l'Être n'est pas rien, c'est Rien. Nous inventions alors, si je me souviens, *estoie*, comme *verdoie*, pour faire pendant à « néantise ». *Nestoie* aurait marché. Gorgias rigole... Il a tout compris !

Peut-on être autrement présocratique ?

C'est de cela que je me suis occupée pendant une dizaine d'années, avec l'ahurissante lenteur des limaces myopes que sont, pour le meilleur cette fois, les philologues. À rebours en somme. J'ai joué pour les présocratiques, non pas au contre-torpilleur, mais plutôt au voilier, au catamaran qui fuit sur la vague. Ma question, presque immédiate et encore révérencieuse, s'est formulée ainsi : Peut-on être autrement présocratique ? Autrement que comme le

Parménide, ou l'Héraclite, ou l'Anaximandre de Heidegger.

À savoir : autrement que comme une aurore – « Ces quelques mots sont là dressés comme des statues grecques archaïques. Ce que nous possédons encore du poème didactique de Parménide tient en un mince cahier qui bien entendu réduit à rien les prétentions de bibliothèques entières d'ouvrages philosophiques, qui croient à la nécessité de leur existence. Celui qui connaît les dimensions d'un tel dire pensant doit, aujourd'hui, perdre toute envie d'écrire des livres[3]. »

Et autrement que dans une langue authentique – la langue grecque « philosophait elle-même déjà en tant que langue et que configuration de langue. Et autant vaut de toute langue authentique, naturellement à des degrés divers. Ce degré se mesure à l'existence d'un peuple et d'une race qui parle la langue et existe en elle. Ce caractère de profondeur et de créativité philosophique de la langue grecque, nous ne le retrouvons que dans notre langue allemande[4] »

Il y a des phrases qu'il aurait fallu ne pas écrire.

Mon ouvre-boîte fut la sophistique, c'est-à-dire la lecture que Gorgias, une génération après Parménide, donc présocratique comme lui, osait faire du poème, manivelle à la main. Loin d'être un horrible serre-file, comme l'écrit Jean

Beaufret, c'est notre meilleur critique contemporain. Car Gorgias est celui qui montre comment Parménide est fabriqué. Il le montre pas à pas en prenant le premier verbe *est* : ce que tu es en train de dire Parménide, on peut le dire non pas de *est*, mais de *n'est pas*. Et on peut faire surgir un sujet, le non-être, qui sera aussi valablement étayé que ton être. Gorgias montre en somme que le poème de Parménide, c'est une performance réussie. Il montre que l'ontologie, ce n'est jamais qu'une fabrication, que l'être est un effet de dire.

Si l'on suit cette direction, on comprend que la sophistique est quelque chose de très profond. Et pas simplement ce que Platon et les platoniciens ont fait des sophistes, c'est-à-dire des sales orateurs démagogues qui se font payer pour enseigner aux petits riches à parler. Il y a quelque chose de beaucoup plus subversif dans la sophistique qui fait comprendre pourquoi la philosophie bon genre n'a pas pu supporter les sophistes. Pour Platon, ce sont des *pseudo-*, des *fake*, des faux philosophes, des faux tout ce qu'on veut, ils s'occupent de l'opinion et pas de la vérité, etc. Très bien. C'est exact : la vérité n'est pas ce qui leur importe. Mais ça ne leur importe pas pour de vraies, dures, bonnes, violentes raisons. Des raisons qui font comprendre autrement l'histoire de la philosophie. Les sophistes permettent de prendre à rebrousse-poil la perspective heideggérienne sur la Grande Antiquité et d'écrire la philosophie du côté de la putain, comme dit Benjamin – une histoire sophistique de la philosophie.

Notons en passant que, si « l'oubli de l'être », dont notre monde contemporain est censé souffrir, est une thématique heideggérienne repoussoir, il n'y a aucune raison pour que « être » et « ontologie » – la « science de l'être » – soient, comme c'est le cas aujourd'hui, exclus du programme de la classe de philosophie, contraignant les élèves à ignorer pour toujours que c'est là ce dont la philosophie s'est occupée et s'occupe peut-être encore bon gré mal gré, mal gré étant de loin le plus intéressant.

Homère sous Parménide

Et il n'y a pas à s'étonner si… Si l'on retrouve ici Homère sous le poème de Parménide, en hexamètres dactyliques comme l'*Iliade* et l'*Odyssée* (« dactylique » parce qu'on compte la mesure des vers comme les phalanges d'un « doigt » : un index long long court, ou un pouce long long) : tous les Grecs connaissent Homère, il était parlé dans tout ce qui se disait, il était présent sous tout ce qui s'écrivait. Poésie et philosophie n'étaient pas deux, et quand elles le devinrent, avec Platon et Aristote, tout le monde était embarqué sur le même esquif, comme dira Nietzsche, et il est en matériau homérique. La culture, la *paideia* grecque (mais la nôtre aussi ?), a pour langue le palimpseste, un texte sous un texte. Donc il n'y a pas à s'étonner si l'on trouve superposés les deux moments qui font *climax* ; dans l'*Odyssée*, quand Ulysse attaché au mât dans les limites de liens puissants, les pieds solidement plantés dans le sol, sur le plancher du navire, passe au large des Sirènes, qui l'appellent « Viens ici Ulysse tant vanté... » ; dans Parménide, quand l'étant, *to eon*, est nommé comme tel pour la première fois.

L'étant, ce « ballon » (*sphairos*) comme celui avec lequel jouent Nausicaa et ses servantes en attendant que le linge sèche, est en effet décrit avec les mêmes mots qu'Ulysse, il est lui aussi solidement planté dans le sol et enserré par la Nécessité dans les limites de liens puissants. De ce sous-texte magnifique, il faut bien conclure que celui qu'on appellera l'Être est le héros de la philosophie comme Ulysse est celui de la poésie, et que le *logos*, le discours-raison, vient prendre la place du *muthos*, le mythe-récit.

J'avais intitulé ma thèse de troisième cycle (on en faisait une petite et une grande à l'époque) : *Si Parménide*, sous-entendu : alors Gorgias (et pour rire : tout sauf Gorgias, dit Parménide, donc pas Parménide, alors Gorgias). Beaufret, à qui on l'avait montrée, avait souri : Si Parménide, pourquoi pas Gorgias ? Le *logos*, la langue grecque authentique, devenait d'un seul coup moins compact, moins nazi, il fallait jouer de la syntaxe pour éclairer la sémantique. On arrête avec les deux points (les « : », « : ») sidérants, et on organise les phrases de plusieurs manières. J'ai mis bien longtemps pourtant, quelque vingt ans (encore le temps long des philologues), à oser proposer une traduction heideggériennement iconoclaste de Parménide[5].

Pour revenir aux fondamentaux : trente-six fesses font donc dix-huit culs.

« Vous prenez votre petit déjeuner à la table de ce nazi ! »

De la philosophie pour le meilleur et pour le pire. Le pire, ce sont les *Cahiers noirs*, Heidegger nazi. Chose qui ne se savait pas en 69 comme aujourd'hui. Les *Cahiers noirs* ont été publiés récemment, dans l'ordre orchestré par Heidegger lui-même. En revanche, le nazisme de Heidegger n'est pas une découverte. On savait qu'il avait été nazi, mais comme un nazi ordinaire (je n'ai jamais compris tout à fait le sens de cette expression que j'ai pourtant employée). Je me disais que beaucoup de philosophes croyaient en Dieu, étaient misogynes, racistes, que c'était même assez philosophique de se tromper. Hannah Arendt écrit quelque chose de ce genre dans *Martin Heidegger a quatre-vingts ans* :

les philosophes ont une « déformation professionnelle », ils sont séduits par les tyrans et les dictateurs. C'est la raison pour laquelle elle-même ne fait pas de « philosophie politique ». Depuis Platon, dit-elle, ce n'est plus possible. C'est très net, très clair. Mais René Char, c'était le capitaine Alexandre et *Feuillets d'Hypnos* : le garant que le nazisme de Heidegger dressait une question et non pas une interdiction. Je ne crois pas davantage aujourd'hui que ce soit mal, moralo-philosophiquement mal, de lire et travailler Heidegger, mais je crois qu'on ne peut plus le faire sans la certitude qu'il y a dans sa pensée et dans son style une connaturalité avec le nazisme. On n'a plus le droit d'être innocente comme je l'étais.

Heidegger est un immense historien de la philosophie, un historien daté. Rien à voir avec dire la vérité : il a une perspicacité de lecture guidée par ses questions à lui. Comme Aristote, comme Hegel. Après le kaléidoscope, ou le *thriller*, de la *Phénoménologie de l'esprit*, il y a celui de l'histoire de l'être. Après Hegel, il y a Heidegger et son *Nietzsche*. C'est comme ça. Il faut en tenir compte par rapport à ce qu'est la philosophie. Le mot de Hannah Arendt sur la déformation professionnelle des philosophes, je ne l'oublie jamais. C'est pourquoi je ne suis pas sûre de savoir quel était mon premier livre de philosophie, ou si vraiment je suis philosophe, ni comment.

Nous étions logés au Thor, à l'hôtel du Chasselas. M'écrivait poste restante un tendre ami que d'autres autour de moi pouvaient connaître. J'allais chercher sa lettre régulièrement. Un jour où je faisais la queue pour avoir mon courrier, il y avait derrière moi un monsieur qui logeait comme nous au Chasselas et qui prenait son petit déjeuner dans la même salle de restaurant. Je dis mon nom au guichetier : « Barbara Cassin ». Il me donne mon courrier. L'homme derrière moi entend. Quand je me tourne pour partir, il me reconnaît : « Vous vous appelez Cassin ? Et vous prenez votre petit déjeuner à la table de ce nazi ! » Il me crache dessus. J'ai vu qu'il avait un numéro tatoué sur le poignet.

Il a fallu qu'on dise à Arendt « sale juive » pour qu'elle prenne conscience qu'elle était juive. À rebours mais de même, ce crachat m'a fait prendre conscience que j'étais juive. Je l'avais toujours su sans savoir ce que ça voulait dire (je ne suis toujours pas sûre de le savoir). Ce jour-là, à l'instant et désormais, j'ai compris que ça engageait des choses que je ferais mieux de ne pas ignorer. J'ai compris qu'il n'était pas si simple que je sois là, au Thor, chez Char, ce grand résistant, avec Heidegger, ce grand nazi dont on ne savait pas s'il était d'abord grand philosophe ou d'abord et donc seulement grand nazi. J'ai touché du doigt la complexité, la violence des positions ; j'étais un fétu, un pion peut-être ; mon nom, Cassin, comme celui de Lévy Patrick, signifiait quelque chose, pris entre Char et Heidegger. Je ne l'oublierai plus.

« Avec un instinct sûr, vous choisirez votre siège »

René Char était un homme dont la stature s'encadrait dans les portes qui devenaient petites. Il avait l'âge de ma mère, une quarantaine d'années de plus que moi. Le jour de l'arrivée, on devait se retrouver chez lui pour les présentations. J'étais un peu en retard, tous les philosophes étaient là assis, rien que des hommes. Char se lève pour m'accueillir et dit : « Avec un instinct sûr. » Il me dit cela avec sa voix et son accent de torrent et de montagne : « Avec un instinct sûr… » La césure d'un long silence, j'étais debout en plein milieu, sans plus savoir marcher ni voler. Vint, un temps après, la suite de la phrase : « Vous choisirez votre siège. » En dégonflement adorable, comme le poème de Hölderlin est en bleuité adorable : « Avec un instinct sûr, vous choisirez votre siège », parce que quand on vit, quand on écrit, le trivial et le sublime, le normal et l'insoupçonné, doivent aller ensemble. Je suis donc allée m'asseoir sur le canapé, peut-être à côté de Char, peut-être à côté de Heidegger, peut-être à côté de Patrick Lévy, je ne sais plus. Mais avec un instinct sûr, j'avais choisi mon siège. Entre, entre deux chaises, poésie et philosophie.

Je me souviens d'une conversation entre Heidegger et Char, comme un pas de deux, une figure imposée. C'était chez Char, dans son jardin. Heidegger lui disait quelque chose comme : vous poète, moi philosophe (moi Tarzan toi Jane), nous nous faisons face, éloignés l'un de l'autre, chacun au sommet d'une montagne, et nous nous faisons de grands signes dans la lumière du soleil. Heidegger et Hölderlin, Heidegger et Trakl, Char et Héraclite, Heidegger et Char. Avec ou sans truchements. En l'occurrence sans, sans Beaufret ni Fédier, mais une communication par gestes, des signaux de fumée, une langue des signes. Magritte l'aurait peint.

Char est rentré en lui-même avant de répondre, plutôt doucement. Non, ce n'est pas tout à fait comme ça. Je nous vois comme deux prisonniers dans des culs-de-basse-fosse, une suite de cachots noirs dans les oubliettes d'un vieux château. On a creusé à grand-peine un minuscule trou dans l'épaisseur du mur, il était peut-être commencé par les prisonniers d'avant, on a peiné longtemps en creusant avec l'ongle, avec un débris, pour qu'un souffle puisse traverser la pierre, et l'on parvient parfois à communiquer en posant les lèvres et en collant l'oreille. On souffle et de temps en temps il y a quelque chose qui passe. Ou peut-être perçoit-on le rythme d'un alphabet à déchiffrer, un autre prisonnier que nous qui tapote à petits coups.

« Un bref et lisible chemin de terre »

Char était, dit-on, un grand séducteur, amant des femmes et de chacune en particulier. J'étais suffisamment étrange au milieu de tous ces hommes. Un jour, tout le séminaire est allé avec lui déjeuner chez son amie toujours chère, Tina Jolas, dans une maison sur une colline où des draps blancs séchaient sur la corde à linge pour qu'on la reconnaisse de très loin. C'était un déjeuner préparé avec amour et révérence, résolument campagnard sur une grande nappe provençale, omelette aux truffes, jambon cru, salade, sublimement simple. J'aidais à débarrasser, j'avais fait une pile des assiettes sales pour la porter jusqu'à la pierre à évier de la cuisine ; il fallait passer par un court boyau un peu sombre avec cette pile trop haute, trop lourde, que je coinçais avec mon menton dans la sauce. Devant moi le bref couloir s'est bouché : c'était René Char, qui posait ses lèvres sur mes lèvres. J'ai mis les assiettes dans l'évier et j'ai gagné le jardin en flageolant comme un veau qui sort du ventre de sa mère.

Char ne suivait pas les séminaires, ou très peu. Mais nous faisions avec lui des visites : Marcelle Mathieu à Lagnes (sa fille Jeanne est le grand nu bleu de Nicolas de Staël, sa passion fermée), Junon disait Heidegger. Elle prêta pour l'une des séances la bergerie du Rebanqué : Heidegger parlant en allemand sur le muret au bord du vide – j'ai vécu là-bas un bon moment l'année suivante une toute première solitude, entre Aristote, un champ d'amandiers brûlés que je ne cessais de peindre, et les collines à l'infini comme la mer.

Un après-midi, nous sommes partis nous promener tous ensemble : c'était un autre rituel de séminaire. Heidegger devait aimer cela, de même qu'aller voir un marchand d'olives, les goûter, en rapporter jusqu'en Allemagne. Nous voilà donc touristico-philosophiquement dans la forêt. Je marchais toujours pieds nus l'été et j'ai posé mes sandales dans un creux du sentier où je pouvais les retrouver. Char est venu à côté de moi quand j'ôtai mes sandales. Nous sommes restés en arrière côte à côte, il a pris mon sein droit dans sa main. Comme si nous étions projetés au fond des bois, et qu'avec ses mots j'étais nue, attachée à un arbre avec sa ceinture autour de moi. Un bref et lisible chemin de terre où son pied nu se posa, écrit-il.

Par rapport à la vie, y compris philosophiquement, il devenait clair que le poète était mille fois plus efficace que le philosophe. Non que Heidegger fût insensible, je ne suis même pas sûre de déchiffrer son regard dont on trouve trace sur une photo. Il savait tomber amoureux. Les lettres qu'il a écrites à Hannah Arendt, où il parle d'elle quand elle entre dans son bureau avec son chapeau un peu penché, témoignent de son immédiat coup d'œil. Mais c'est Char qui vivait dans les pores de ma peau. Pourquoi poète, vivant le plus vivant de tous, n'es-tu que ténèbres de fleur parmi les vivants ? Avant que je ne quitte le Thor, il a fait porter et apporté sur mon lit une brassée de présents, des livres minuscules et uniques, avec des mots ajoutés couvrant et découvrant, des foulards, des morceaux de bois flotté porteurs de phrases, des cartes, des cailloux, dont un qu'il avait fabriqué pour Heidegger : « À MH, ta dure escorte ô mer », un tissu bleu vif où il avait écrit « J'aime », avec une espèce de souligné, on dirait une arête de poisson très difficile, très difficile à passer dans la gorge.

Quand le séminaire du Thor s'est achevé, je suis partie pour rentrer chez les amis avec qui j'habitais cet été-là. Mais je suis non-partie, tôt revenue aux Busclats.

« Poète, un rossignol »

Nous parlions beaucoup, nous riions beaucoup. Je lui avais apporté mon diplôme sur Leibniz et Arnauld, la seule chose que j'avais faite, et j'avais écrit comme dédicace quelque chose comme « le plaisir de donner et celui de recevoir ». Une phrase que j'avais entendue de lui. En échange, il m'a dit comme il était content que j'aie du mal avec l'agrégation. « Tu vas comprendre, moi, j'ai reçu une femme… » Cette femme, c'était Jacqueline de Romilly qui lui avait demandé rendez-vous. Elle était venue le voir aux Busclats, elle s'était promenée dans le jardin, allongée sous le grand tilleul (« S'il te faut repartir, prends appui contre une maison sèche. N'aie point souci de l'arbre grâce auquel de très loin tu la reconnaîtras. Ses propres fruits le désaltéreront »). Elle lui a demandé de s'asseoir à côté d'elle. Un oiseau chantait : « Poète, un rossignol ! » Et Char m'a dit : « C'était un merle. » De lui à moi, la réussite sera toujours quelque chose comme : Poète un rossignol. C'était un merle.

Je ris merveilleusement avec toi, c'est là notre chance unique. Impossible de savoir qui dit je. Aujourd'hui, je me retrouve à l'Académie française, helléniste comme Jacqueline de Romilly pour qui j'éprouve du respect. « Un rossignol ! Tu te rends compte ? C'était un merle... »

Quant à l'arbre que ses propres fruits désaltéreront, le grand tilleul des Busclats ou un autre, c'est sûrement vrai qu'il n'a pas besoin de nous. Pas de reconnaissance pour l'arbre, on passe... Mais je continue à ressentir cela comme un scandale. Quand je suis partie, une première ou une seconde fois, que quelque chose a été fini, j'étais si triste que j'ai été obligée d'écrire : « Une femme ne peut être poète. Elle coudrait plutôt l'arbre à la maison. » J'aurais voulu coudre l'arbre à la maison, je ne cesse de coudre l'arbre à la maison.

« Deux bonnes machines à coudre »

Nous étions, disait-il, « deux bonnes machines à coudre », reliées même à distance. Nous nous promenions parfois dans le cimetière. Nous lisions, je lis toujours, les noms et les dates sur les tombes. C'est une manière simple d'approcher et d'honorer. Rien de plus parfait qu'un nom et une date sur une pierre. J'ai voulu cela pour mon mari, je le voudrais pour moi : un nom et une date. Deux dates plutôt : dans le Robert et le Larousse, j'ai vu récemment mon nom, une parenthèse, ma date de naissance, un tiret, un blanc et on ferme la parenthèse, que peut-on imaginer de plus terrifiant ?

Char avait écrit un poème, *Madeleine à la veilleuse*, la Madeleine de La Tour, assise près de la bougie, d'ombre et de lumière, profil perdu, cheveux épars, linge blanc. Juste après l'avoir écrit, il s'est promené dans le cimetière et a lu sur une tombe « Madeleine » un nom propre et deux dates. Il a rêvé à cette femme qu'il ne connaîtrait pas. Quand il est rentré, il y avait une femme chez lui, assise peut-être au coin de la cheminée, avec le feu qui l'éclairait. Il ne savait pas comment elle était entrée. Il lui a demandé : « Qui êtes-vous ? » Elle a répondu : « Madeleine. » *Madeleine qui veillait*, une autre et la même. Il avait écrit ces deux poèmes pour elle.

Ou bien nous allions au cinéma, à La Pagode, près de chez lui, rue de Chanaleilles (j'adore ce nom, un parterre de souris se chamaillant), il habitait un étage de l'ancien évêché, avec son souterrain qui menait sous la rue jusqu'au bordel. Au plafond de ce cinéma mythique, un immense lustre. En le regardant, en le voulant, nous le mettions en mouvement et le faisions tourner. Ça allait de soi.

Effacement du peuplier

Ô mon avalanche toute liée tel un souper dans le vent. Nous avons failli mourir ensemble. Il fallait nous séparer. Le travail est heureux, nous pas. Ris.

Mais la fin a eu lieu longtemps après. J'avais un ami, un poète d'une beauté absolue, d'une gentillesse absolue. Il était très marié, sa femme et lui restèrent longtemps à l'ancre dans le bleu. Nous ne sommes jamais sortis ensemble lui et moi, sauf cette fois-là où nous avons descendu le boulevard Saint-Michel. Comme toujours, je me souviens comment j'étais habillée, un manteau de jean long, une jupe en jean longue, et nous tracions un sillage de couple le long du boulevard Saint-Michel. Soudain il me serre le bras, me fait tourner la tête. Je sens le plomb d'un regard, René Char passait dans l'autre sens et nous regardait. J'eus beau courir, c'est la disparition.

Je lie cela qui a eu lieu à une scène que Char m'a racontée très tôt. Il traversait le Luxembourg. Il s'arrête à côté d'une belle fille ensoleillée qu'il voit en train de lire son dernier recueil de poèmes. Il lui demande : « C'est bien, ce que vous lisez ? » Elle lui répond : « Fichez-moi la paix, vous ne comprendriez pas. »

C'est à présent un tout autre livre qu'il me faudrait écrire.

« Je n'ai pas le temps, j'attends »

Heidegger philosophe fut emporté par Char poète comme une alluvion.

J'étais, paraît-il, poète. Et machine à coudre. Avec deux amis, André Sala qui s'est évaporé à San Francisco, et Denys Riout encore proche aujourd'hui, nous avons fabriqué une revue de poésie murale, *Un Poème, revue de poésie paraissant partout où elle peut*, toutes sortes d'affiches plus vibrantes les unes que les autres, avec des textes que nous aimions, des commandes (Neruda pour la fête de l'Huma – « ma vocation est ceci : être transparent » – « ils publieront mes chaussettes »), en travaillant avec des enfants de Limeil sous les fumées d'usine (« non cassé, non constru, je souhaite non je veux »), en apprenant la typographie, la sérigraphie, la colle. Nous l'avons arrêtée 1) parce que ça marchait trop bien, déjà une industrie, et que 2) en l'affichant dans les Abribus qui se multipliaient, une femme abritée à qui je demandais si ça l'intéressait m'a répondu : « Je n'ai pas le temps, j'attends. »

Nous (une autre géométrie du nous) faisions parfois les marchés, vendant des poèmes improvisés à la demande – avec votre pot-au-feu, offrez-lui donc un poème ! Puis j'ai levé en typo sur une Heidelberg belle comme un camion une

Initiation à l'explication de texte, premier et unique livre des « Éditions barbares », qui tenait dans le creux d'une grande main. Le texte émergeait des macules, ces pages qui servent à essuyer les restes d'encre du travail précédent (il était sépia) ainsi que le trop d'encrage du début ; quatre lignes, ex-pliquées dépliées en quatre pages avec appels de notes comme dans un livre savant, mais les notes étaient de tout petits textes composés deux fois, comme un poème et comme une prose. J'ai porté la moitié des exemplaires à la FNAC pour qu'elle les mette en vente (j'en voulais 1 franc de l'époque, ils ont marchandé à 50 centimes). J'en ai envoyé deux en service de presse, un à Derrida (il m'a répondu avec beaucoup de gentillesse un an plus tard), et un à Lacan qui m'a répondu par retour : « J'aime beaucoup les premières pages » – les macules… Bon.

J'écrivais que *Gelassenheit* (« sérénité » grande ouverte dans le *lassen*, le « laisser », et justement pas « crispée » comme celle de Char) sonne graillonneux, ordurier, ricanant. En tout cas, la philosophie était désacralisée, on pouvait en faire autrement, sans incommensurabilité et sans anathème. Homère ou Char étaient des usuels à portée de main, Heidegger sur l'éta-gère. Rendre à César ce qui est à César, voilà qui est non seulement impossible mais tout à fait inutile en matière de mots. On dit que la langue est totalitaire parce que le masculin gagne ; en tout cas, elle ne fonctionne qu'à la dépense, pas à l'épargne ni à la dette. Ce qui est dit est à tout le monde, et le traçage de ce qui est dit s'appelle culture. Savoir où et comment Homère parle sous Parménide, détisser un texte, entendre quand soi-même on est heideggérianoïde, voilà le travail du philologue.

« *IT'S NO GREEK* »

Philologie et sophistique

Pour oser comprendre autrement Parménide, il m'a fallu un antidote puissant à Heidegger. Ce fut la philologie de Jean Bollack et Heinz Wismann.

Pierre Aubenque m'avait proposé de faire ma thèse de troisième cycle sur le *De MXG*, *De Melisso, Xenophane et Gorgia*, un petit traité pseudo-aristotélicien au nom d'ovni. C'est lui qui contient l'une des deux versions du *Traité du non-être* de Gorgias, la moins triturée par la transmission sceptique, donc aussi la plus « authentique », la plus proche du Gorgias original, mais du coup aussi la plus difficile et la plus étrange par rapport aux normes philosophico-académiques que nous héritons de Platon, d'Aristote, des médiévaux. Un texte si atypique et difficile qu'il fallait que j'en sache bien davantage, y compris sur la matérialité d'un texte grec, sa transmission, son édition.

Bollack et Wismann étaient d'une générosité absolue, aussi contents d'enseigner que nous (encore un autre nous, entre Lille, les Gobelins et la rue de Bourgogne) étions heureux d'apprendre. J'ai réappris le grec, non pas comme une langue vivante à parler, mais comme une langue au sein de laquelle comme dans toute langue il y avait (peut-être n'y avait-il que…) des écarts et des inventions. Bien sûr la morphologie, bien sûr l'étymologie, bien sûr la syntaxe, bien sûr la grammaire, des règles et encore des règles, belles comme un cosmos. Mais ce cosmos est un monde habité : partout l'auteur, celui qui écrivait en grec, produisait un écart visible, mesurable et signifiant. Un auteur et sa langue ? « Il est son organe et elle est le sien », dit Schleiermacher, qui fonde ainsi l'herméneutique sur l'expérience de la variation. De même le *Dictionnaire* de l'Académie française tel qu'en lui-même n'est pas un dictionnaire de linguiste : il ne cesse de naviguer entre la norme et l'usage, s'appuie sur des exemples et s'en méfie et, surtout, il recommence dès qu'il finit. C'est en ce sens que le grec de Bollack et Wismann est une langue vivante : il vit de tous les auteurs qui n'ont pas fini d'écrire puisqu'on n'a pas fini de les lire. On ne creuse pas de plus en plus profond vers le cœur de la langue authentique (*alêtheia*, l'ouvert sans retrait). On se demande plutôt pourquoi c'est écrit comme c'est écrit, selon quelles anomalies et quelles chambres d'écho : qu'est-ce qui n'est pas comme on l'attend – que l'on sache ou non d'ailleurs ce qu'on attend ?

C'est de ce que l'on ne comprend pas qu'il faut partir. En philologie cela s'appelle *lectio difficilior* : quand un texte vous arrive, des siècles après avoir été écrit, copié, transcrit, aménagé, assimilé, partez de ce que vous comprenez le moins – « la leçon la plus difficile », celle qui figure sur un bon manuscrit mais que tout le monde corrige parce que personne ne la comprend. Avouez qu'il est plus facile de penser qu'un moine affamé, mal éclairé, tantôt trop stupide tantôt trop intelligent, se trompe en copiant, ou corrige en croyant bien faire. C'est arrivé des milliers de fois, pourquoi pas cette fois-ci ? Et si vous vous obstinez à ne pas passer à autre chose, *not to*, à une leçon plus facile à comprendre, c'est que vous êtes le diable – *perseverare diabolicum*.

Pourtant, on le sait tous quand on écrit et quand on lit dans sa langue, ce sont les écarts qui font l'auteur, son style, sa force, sa folie propre – son génie. Ils écrivent tous, Homère, Parménide, Gorgias ô combien, Démocrite, mais aussi les tragiques, Platon, Aristote, les stoïciens, tous ils s'écartent, tous ils distendent les normes, chaque phrase de chacun est une exception, c'est cela qui fait la langue et on s'y habitue. Mais de temps en temps, c'est pire, plus insolite et plus isolé. Et le professeur, l'*academic*, dont, Dieu sait, le grec ancien n'est pas la langue maternelle, n'y croit pas. George B. Kerferd, un bon universitaire de Cambridge, auteur de l'un des moins mauvais livres sur les sophistes, épuisé, à court d'arguments, dira devant moi pour conclure une discussion avec Bollack (ou plutôt désespérant de la conclure) : « *But it's no greek* », mais ça n'est pas grec !

Jean Bollack se plaisait à être le diable et à exaspérer ses collègues pliés aux normes. Entre la discipline littéraire et la discipline philosophique, il occupait toute la place et n'avait donc pas de place. « La situation est noire, plus noire que votre chandail », répétait-il dans le train qui nous emmenait à Lille, et j'ai dû le prier de ne plus écrire de lettres de recommandation pour moi afin d'avoir une chance d'être recrutée au CNRS.

Il fallait bénéficier de ce savoir et de cette liberté pour avoir les coudées franches en grec et oser éditer le *Traité du non-être* de Gorgias. Quand j'ai soutenu ma thèse de troisième cycle, Jean-Paul Dumont, professeur à l'université de Lille (il avait publié un très utile petit recueil *Les Sophistes* dans la collection « Les Grands textes »), faisait partie du jury. Il m'a dit : « J'ai compris : tout ce qu'il y a en dessous, vous le faites passer au-dessus. » En dessous, quand on édite un texte grec, cela s'appelle l'apparat critique : c'est là que l'on indique les différentes leçons transmises par les manuscrits, avec parfois les corrections qu'on juge les plus intéressantes. Indispensable pour que le lecteur averti ait les moyens de comprendre quel texte on lui transmet, exactement comme l'étiquette doit indiquer au client qui sait lire ce qu'il y a dans le produit qu'il va manger. Dumont avait donc constaté que le texte que j'éditais et traduisais conservait le plus souvent la leçon des manuscrits : ce qu'il y avait d'habitude en dessous, dans l'apparat, passait au-dessus, dans le texte. Qu'il s'en étonnât en disait long sur une bonne partie de l'enseignement du grec et de la philosophie grecque en France. Que l'on dût au moins prendre le temps et les moyens d'essayer de comprendre le texte transmis, c'était le combat minimal du philologue bollackien bollackiste.

« Entièrement d'accord avec vous.
Jean-François Lyotard »

Quand j'ai publié *Si Parménide*, j'ai été invitée à présenter l'ouvrage au sous-sol de Beaubourg. J'ai proposé de faire une *epideixis* sophistique. C'est le nom que Platon donne dans ses dialogues aux discours que font les sophistes, c'est-à-dire plutôt une « performance » qu'une conférence : une « monstration » (*deixis*) qui fait quelque chose « devant » (*epi*) et « en plus » (*epi*). Une *epideixis*, c'est un tout. On montre un objet, on l'expose « devant » tous, mais on montre quelque chose « en plus ». Quoi donc ? Dans une performance, on se montre soi-même en plus, on montre ce dont on est capable ; c'est lié à la personne (*persona* : le masque des acteurs qui amplifie le son), à la manière dont on se présente, dont on est vêtu (de cela je me souviens toujours très bien : une combinaison souple mordorée avec des rayures fondues), à l'expression du corps. Mais on en montre plus aussi quant à la chose dont on parle. *Epideixis*, tel est aussi en effet le nom d'un des trois genres de la rhétorique répertoriés par Aristote : à côté du plaidoyer (qui traite d'un fait passé devant le tribunal) et du conseil (qui traite du futur de la cité, pour aider à décider de la conduite à tenir), il y a l'« éloge », l'*epideixis* justement, qui traite du présent, et propose des valeurs qui rassemblent. Quand on fait l'éloge de quelqu'un ou de quelque chose, comme dans un toast à la mariée ou lors d'un enterrement au Panthéon, ou quand on prend un fauteuil à l'Académie française, on fait partager à l'auditoire les valeurs admises d'un, pardonnez-moi, vivre-ensemble.

Que se passe-t-il alors quand Gorgias fait l'*Éloge d'Hélène*, femme qui fait l'unanimité contre elle, avec « le bruit d'un nom qui porte mémoire des malheurs », pour que son discours devienne l'*epideixis* par excellence, le modèle de l'éloge, et qu'on l'étudie dans toutes les écoles de rhétorique depuis l'Antiquité ? Il faut bien comprendre la mise en scène. Gorgias arrive à Athènes en ambassade pour éviter la guerre avec la Sicile. Sa réputation le précède. Il propose, pour asseoir son talent de négociateur, une première prestation sur l'agora avec pour sujet « Hélène », la plus coupable des femmes donc, qui s'est enfuie avec son amant et a provoqué la guerre de Troie, dix ans d'horreur, les guerriers grecs décimés. Beau discours, très attendu, dans les clous, tout va bien.

Mais voilà qu'il donne rendez-vous aux Athéniens le lendemain, même heure même lieu, et prononce l'*Éloge d'Hélène* qui nous est parvenu : la plus coupable des femmes est innocente. Elle a été enlevée de force, Pâris lui a fait violence. Sinon : c'est la faute des dieux (« Dis-moi Vénus, quel plaisir trouves-tu à faire ainsi cascader cascader la vertu ? »). Sinon : c'est la faute du *logos*. Nous y sommes ! « Avec le plus petit et le plus inapparent des corps », le discours parachève les actes les plus divins. Si Hélène écoute le discours de Pâris, si elle est séduite et le suit (*seducere*, elle se laisse conduire à l'écart), c'est que personne ne peut résister au *logos* ; ni Hélène, ni les Athéniens qui, à leur tour, se laissent séduire par Gorgias. « Pour Hélène un éloge, pour moi un jeu », conclut Gorgias – mais un jeu cosmique, comme celui de l'enfant d'Héraclite, *pais paizomenon* : « un enfant qui joue », ou, puisque c'est le même mot, « qui enfante ».

L'*epideixis* fabrique un autre monde, elle forme-transforme l'opinion, change le consensus, et fait passer de la communion sur les valeurs admises à leur transmutation, non moins unanime. Somme toute, n'est-ce pas précisément cela que peuvent faire les médias aujourd'hui ? Tel est le genre de discours que je voulais tenter de mettre en acte ce soir-là.

J'ai donc lu ma traduction, rauquement logique, du *Traité du non-être* de Gorgias. Pas pour rire : pour de bon, pour montrer que l'ontologie est trouée, comme le chaudron de Freud. Performer le non-être, c'est devenu tout un genre à la Renaissance et au moment du baroque. Je n'ai jamais oublié que je voulais être actrice, j'avais fait le cours Dullin, mais mes parents comme tous les parents m'ont dit : « Passe ton bac d'abord », et la vie s'est enclenchée autrement. Actrice est pourtant le métier qui m'aurait peut-être le mieux convenu. Bref, j'ai vraiment lu.

Alors Wismann a pris la parole. Il a conclu comme l'universitaire platonicien qu'il n'était pourtant pas : « Vous comprenez pourquoi les sophistes ont toujours été condamnés. C'est une mauvaise plaisanterie qui ne tient pas debout. » Il a parlé avec talent comme Platon, et re-tué le sophiste. J'avais (j'ai toujours) un respect absolu pour Wismann qui m'a permis de déchiffrer le grec de Gorgias, mais j'ai été prise d'une colère et d'une audace dont je ne me savais pas capable. « Je ne suis pas d'accord. Ce que Wismann a dit est, par rapport à un tel texte, un scandale et une trahison. C'est contre cela que j'ai fait ma thèse, et la traduction exacte que je viens de vous lire doit vous permettre de comprendre pourquoi et comment. » La sophistique comme critique de l'ontologie, c'était dans la ligne directe de ma question à Heidegger : peut-on être autrement présocratique ? Ce texte était le manifeste que, oui, on pouvait être autrement présocratique, tout sauf une blague qu'on pouvait corriger et jeter dans les ruisseaux de la vie : une critique dure de l'ontologie dure. Je ne suis pas sûre que Wismann, formé à la critique au sens de Kant par l'École de Francfort, ait jamais pensé en ces termes. Et je suis sortie très bouleversée de ce que j'avais osé faire, parce que au lieu de le remercier pour tout ce qu'il m'avait appris, je lui avais dit qu'il était aussi philosophiquement casanier que les autres.

À l'instant où je sortais de la salle, un homme avec une cape s'est approché de moi : « Je suis entièrement d'accord avec vous. Jean-François Lyotard. » Un nom de la philosophie soudain matérialisé – après Nietzsche-Marx-Freud, tous les garçons et les filles de mon âge lisaient Deleuze-Lyotard-Derrida. La rencontre s'est ainsi faite. Nous sommes allés boire une coupe de champagne, et nous avons trinqué sans parler de rien, Wismann et moi, en nous tenant le coude. Tout s'est démis remis en place grâce à Lyotard, à l'égard de qui j'ai toujours ressenti la plus vibrante des amitiés. Je le vois traverser mon petit jardin en agitant haut son livre *Le Différend*, où il est question du *Traité du non-être*, et disant : « C'est mon premier livre de philosophie ! » C'est lui qui m'a fait préférer « Victor » à « Arthur », le prénom que j'hésitais à donner au bébé qui était dans mon ventre. « Victor Cassin » est l'un des enfants destinataires du *Postmoderne expliqué aux enfants* ; or Victor Cassin n'a jamais existé puisqu'il s'appelle Victor Legendre, du nom de son papa – mais David Rogozinski n'a guère existé non plus, puisqu'il s'agit de David Lyotard, dont j'aurais été la tutrice si sa mère disparaissait. J'ai mis longtemps à comprendre pourquoi ce petit livre, je ne l'avais jamais reçu.

Philologie des impôts

Quand mon mari est mort, il avait une dette fiscale, totalement injustifiée selon lui. Contestation en cours ou non, elle doublait tous les ans. Si l'on est un particulier quelconque et non une multinationale, on ne sait plus comment continuer.

Cela fait partie de l'angoisse et de la tristesse qui génèrent la mort. J'ai hérité de cette dette, si cauchemardesque que, pour pouvoir l'honorer, il fallait vendre la maison dans laquelle nous vivions rue Mouffetard.

Je me souviens très bien du moment où je me suis assise par terre, avec l'ensemble du dossier autour de moi. Je me suis dit à moi-même : j'ai compris le *Poème* de Parménide, je comprendrai ce dossier. Et j'ai fait ce que j'aurais fait, ce que j'avais fait, pour le *Poème* de Parménide, c'est-à-dire que je me suis procuré les codes des impôts du Cameroun et de France, les textes concernant les expatriés, comme si c'étaient des grammaires et des dictionnaires, et j'ai travaillé le dossier pour le comprendre de l'intérieur, comprendre les éléments qui me permettraient de le comprendre, en oubliant ce que disaient les avocats qui voulaient baser la défense sur des arguments fabriqués pour prouver qu'Étienne résidait au Cameroun. Ma phrase de courage, c'était : j'ai compris le *Poème* de Parménide, je comprendrai ce dossier.

Un de nos très grands amis, Jean-François Courtine, m'a fait rencontrer l'un de ses camarades d'enfance, spécialiste de la législation fiscale française. Je m'apprêtais à lui laisser mon dossier de vingt kilos, quand il me dit : « Ce que vous m'avez raconté, là, vous allez l'écrire en huit pages. » Puis : « De ces huit pages, nous en ferons deux. » Une autobiographie philosophique passe par cette philologie-là, de circonstance, qui mord le réel. C'est depuis ce temps-là que, dans mon for intérieur, je me présente comme « philologue et philosophe » ; « -logue », parce qu'on vérifie les textes, le sens qu'ils ont et ceux qu'ils peuvent avoir, la manière dont on les triture et dont on les transmet. J'ai abordé le dossier en philologue, c'est-à-dire sans épargner le temps, en voulant comprendre jusqu'au moindre détail l'ouverture des sens possibles, comme quand on lit les manuscrits et qu'on établit un texte avant de le traduire. Bien sûr qu'une lettre, un mot, une phrase, un courrier, un règlement, un code, un texte de loi, présentent plusieurs sens : quel est le sens qui gagne, qui profite, tout en demeurant compatible avec l'entièreté du texte ? Comment donner figure de sens à tout un dossier ? La philologie, c'est tenir bon, et passer le temps qu'il faut. J'ai donc rampé dans ce dossier avec mon acribie de limace myope, jusqu'à ce que je puisse en rendre compte et m'arrêter au sens préférable.

La philologie est une angoisse en même temps qu'une jouissance. Mes rêves d'alors en témoignent sous le dais du deuil. Un philologue, un copiste, est par définition de tâche, un obsessionnel. Il est préférable qu'il ne soit pas en même temps paranoïaque, pensant que tous ceux qui n'interprètent pas comme lui sont des mauvais et des méchants, comme si lui-même était le seul à ne pas interpréter, le seul à dire ce qui est comme c'est. Rare pourtant qu'il ne le soit pas, au moins un peu et aussi – on a le choix entre être hargneux et être souverain quand on a raison et que tout le monde a tort.

J'ai rêvé que j'étais un copiste, et que j'avais à copier un « original », intouchable comme un texte de loi. Moins on le comprend, moins on fait de fautes. Justement, je n'y comprenais rien. La matière textuelle prend le pas sur le sens, votre main ne s'émancipe même pas, elle peut tout au plus, parce que vous êtes fatigué et que vous n'y voyez plus rien, faire des fautes mécaniques, prendre une lettre pour une autre, oublier un mot, sauter du même au même. Je devais copier, c'était une question de vie ou de mort. Ou plutôt, c'était ma tâche devant la mort : il était vital pour tous que je ne fasse pas de faute, vital. Le texte, ce sont des tracés, du plein, du noir, des espaces. Je les reproduisais point à point, ligne à ligne, nuance à nuance, mais comment être sûre ? Mon œil vérifiait en passant à chaque instant de l'original à la copie. Mais quand je quittais l'original des yeux et que j'y revenais, le tracé que je venais de copier avait disparu de l'original. Au fur et à mesure que je trace une lettre, le tracé correspondant de l'original s'efface. Angoisse d'une vérification, d'une reproduction, d'une vérité impossibles.

Pas deux fois. Indiscernable ? Inexistant. Qui s'abîme, qui meurt ? L'original ? la copie ? le copiste ? Aujourd'hui avec Borges, et après avoir fait plus d'une exposition sur la traduction, j'ai compris que : « L'original est infidèle à la traduction » (*El original es infiel a la traducción*)[6]. Il faut savoir que, par-dessous tout, l'original, le premier texte, mais aussi cet homme-là, celui que vous avez aimé sans savoir jusqu'au bout pourquoi, est mort.

III

« QUE PENSEZ-VOUS DE CE QUE VOUS VOYEZ ? »

– Sur la psychanalyse,
le jugement, la traduction,
ou Lacan, Mandela, le *VEP* –

PARLER EN SON NOM

La matière des sons

Quand j'étais petite, mon père m'accompagnait au lycée le matin, mais je prenais le bus pour revenir. Cette fois, il y avait deux passagers en face, un homme s'est assis à côté de moi. Il ne m'a pas effleurée, mais il s'est mis à se parler tout doucement à lui-même. Il fallait prêter l'oreille pour entendre sa voix, articulée, pas chuchotée. Il décrivait la manière que j'avais d'être belle, et j'ai mis un long temps à comprendre que c'était de cela qu'il parlait sans me regarder. J'étais enroulée, enroulée dans sa voix. Il déployait la force d'une considérable pudeur ; si j'osais, je dirais que ça ressemblait au *Cantique des cantiques*, que je n'avais jamais lu. La voix fait encore pour moi partie de l'essentiel, il y a des hommes dont je ne peux pas supporter la voix, des femmes aussi d'ailleurs, il y a des moments où j'aime mieux me boucher les oreilles que d'entendre la voix de quelqu'un.

C'est aussi pourquoi, sans doute, je ne supporte pas la radio. La voix est une matière de désir : rien de plus beau quand c'est beau. Cet homme, je ne le regardais pas, il ne me regardait pas, il parlait à côté de moi sans s'adresser à moi, et quand je me suis levée pour descendre, seule, c'était comme si des ailes m'avaient poussé.

Le contraire de ce qui arrivait dans le métro, le couloir désert et l'escalier roulant si long de la station Argentine. Il y avait un homme derrière moi, pas tout près, deux marches au moins derrière. J'eus une sensation bizarre et je me suis retournée. Le monsieur bien mis et bien tranquille ne me regardait pas. J'ai pensé que j'étais folle et j'ai continué à monter. La sensation est revenue. Je me suis retournée. Rien. La même sensation encore, comme si on me tirait. Je me suis retournée très brusquement et je l'ai vu qui soulevait ma jupe plissée à deux mains. Un deux trois soleil, on joue à ça à la récré. Je me souviens de mon soulagement horrifié d'avoir vu. Ma mère m'avait bien expliqué de ne pas suivre les messieurs à bonbons, mais ça ? Le long du mur du collège Henri-IV, on peut lire : « Nous sommes les petites filles des sorcières que vous n'avez pas pu brûler. »

On en sait beaucoup sur quelqu'un quand on sait quel premier mot il a choisi de prononcer, même si c'est un on-dit. Et quelle phrase ne le quitte pas (pendant longtemps, ce fut pour moi : « Car je n'ai pas égard à cela que vous êtes, mais au doux souvenir des beautés que je vis »). Comme lorsqu'on connaît de l'autre sa position d'endormissement, ou sa date de naissance même si l'on ne croit pas à l'horoscope. Ma mère m'a dit (il faut bien que ma phrase commence ainsi), ma mère m'a dit que j'avais dit : « un serpent » en découvrant un ver de terre dans le sable. Et la première phrase adressée – à elle qui ne parvenait pas à fermer un tiroir : « Mais tu n'as pas dit merde. »

Un tout premier voyage en Grèce avec mon amie Laurette, deux filles de dix-huit ans, d'une île à l'autre. Un marin nous a proposé de nous montrer notre cabine et nous a enfermées à fond de cale. Laurette était championne de judo, j'avais un peu moins peur. L'homme est revenu, il était debout devant nous. Il y avait une chaise, que j'ai avancée vers lui. Je ne sais pas quelle langue nous parlions, en tout cas il s'est assis, je me suis plantée devant lui, et j'ai prononcé : La clef. La clef. La clef. J'ai répété cela pendant dix ou vingt minutes. Il m'a donné la clef, et nous avons pu sortir.

Bien plus tard, nous étions en Roumanie avec Étienne, l'été d'après la naissance de Victor. Un club Méditerranée pour tout-petits plus jamais ça, à faire des pâtés, non de sable, mais de grosses méduses blanches qui ne piquaient pas. L'été d'après, nous avons cherché une maison. En attendant, nous rentrions en France. Nous faisions la queue au contrôle. Il devait y avoir à l'époque beaucoup d'adoptions illégales, on emmenait des petits Roumains. Victor était dans mes bras mais pas sur mon passeport – personne ne nous avait dit à l'aller qu'un bébé devait être sur un passeport. Les douaniers ont refusé de le laisser passer avec moi. J'ai fait tout ce que j'ai pu, baragouinant dans toutes les langues, pour dire et montrer que c'était mon enfant. Ils faisaient mine de ne pas comprendre. Nous avions acheté une petite crécelle de bois, l'un de ces jouets adorablement faits. Je me suis plantée devant le douanier, avec le bébé au sein, et j'ai fait tourner la crécelle, sans arrêt. Comme une lépreuse de jadis… La répétition, la décision, l'obstination, une manière d'être sûre, ce sont des armes de femme, un autre type de force : « Ça sera comme ça, sinon rien. Je ne renoncerai pas. » Ma mère a dû me l'apprendre, il y a des moments où il faut que l'autre soit sûr qu'il aura le dessous : on ira jusqu'au bout, quel bout, peu importe. C'est manifeste dans chaque geste, dans chaque intonation… La répétition, de face, ne peut pas tromper : on ira jusqu'au bout. Vous aurez, j'aurai tous les ennuis du monde, je ne céderai jamais.

« Con-cierge »

Du temps où je préparais l'agrégation tout en rédigeant *Si Parménide*, je travaillais à Étienne-Marcel, un hôpital de jour pour adolescents psychotiques, avec Françoise Dolto comme divinité tutélaire. Ce fut peut-être le poste le plus passionnant de toute ma vie. Rien ne m'y préparait. Beaucoup de mes amis étaient analystes, d'autres étaient en analyse, pas moi pas moi. Je me suis trouvée jetée dans un autre rapport à la langue encore – ni poésie ni philosophie : la psychose. J'étais censée enseigner le français à ces jeunes qui venaient tous les jours à l'hôpital pour un suivi psychiatrique lourd et pour un peu, le plus possible, de scolarité. « Psychose : nom féminin. Maladie mentale ignorée de la personne qui en est atteinte (à la différence des névroses) et qui provoque des troubles de la personnalité (ex. paranoïa, schizophrénie…) », dit Google. Ignorée, tu parles… On m'avait d'abord demandé d'aider quelques-uns d'entre eux, puis on m'avait proposé un vrai poste de pédagogue, cadre s'il vous plaît, pour enseigner, comme dans une classe, le français – ou quelque chose qui s'en approcherait.

J'avais tout à apprendre, avec réunions de synthèse et de contrôle, grâce aussi aux autres pédagogues, dont celui de logique, d'autant plus remarquable que chéri. Je m'efforçais pour survivre de comprendre à la racine ce qui bloquait, en forgeant comme je pouvais mes outils d'attention et d'inattention, aussi importantes l'une que l'autre. Étonnant et bricolé. Chaque adolescent était unique en capacités et en empêchements ; leur ensemble était à la fois inerte et explosif. Je vieillissais de deux secondes en une seconde, c'était ma seule certitude. J'essayais de tout pour intéresser, ouvrir, défaire les nœuds. Sans doute n'ai-je jamais su ce que je faisais, ni avec Char ni avec Heidegger ni avec ces enfants – la poésie, la philosophie, la folie, la langue, à quoi et comment joue-t-on ? Peut-être est-ce un avantage que d'arriver sans armes. En tout cas, je les aimais un par un. J'ai d'ailleurs revu l'un d'eux il n'y a pas si longtemps, gardien au Luxembourg, qui m'a montré où il cachait ses plants d'herbe dans les serres et les massifs, tandis qu'un autre, devenu vigile au moment des attentats, m'a sauté dans les bras avec son flingue.

Faire en sorte qu'ils tiennent un livre, un stylo, leur donner envie de dire quelque chose, qu'ils sachent ou non parler, leur faire savoir qu'ils peuvent, c'était sans cesse à refaire en inventant de nouvelles glisses, de nouvelles stations. Il fallait que chaque instant soit une *captatio benevolentiæ*, capter l'attention, ce préalable que la rhétorique exige. Nous rédigions et fabriquions ensemble un journal ronéoté avec de braves rubriques de feuille de chou, et nous descendions le distribuer à nos bienveillantes premières clientes, les putes du bas de la rue Étienne-Marcel.

J'étais pédagogue de français, toutes classes confondues, et c'est bien de langue qu'il s'agissait. Les bruits qui sortent de leur bouche, comment faire pour qu'ils aient du sens ? Les mots, les phrases, la grammaire du français, comment faire pour qu'ils comprennent que ça leur appartient ?

Un jour, j'ai inventé quelque chose qui a marché. J'ai écrit du grec au tableau. Devant ces lettres et ces tracés étranges, ils ont compris qu'ils ne comprenaient pas. L'autre alphabet les sidérait. C'est donc qu'ils avaient une langue à eux, plus maternelle que les autres. Une langue maternelle, c'est le mot juste et la juste horreur pour eux qui venaient de l'Assistance publique, de familles d'accueil ou, pire, de leur propre famille. Une langue « plus maternelle qu'une autre », à mettre au comparatif surtout, comme je ne cesse de le faire pour la vérité, c'est une langue qu'on connaît quand même, qu'on le sache et qu'on le veuille ou non. Une langue à soi, comme une chambre à soi, même quand ce foutu maternel vous a rendu muet. Et muets, ils l'étaient de bien des manières, dans le strident ou le hurlé, dans les toux et les crachotis, dans l'hyperactivité et le sommeil glauque. Pas ça pas moi, je sais bien que c'est une caractéristique de la famille. Justement si, ça ! Par différence avec le grec, vous voyez bien que c'est vous contre vous de vous pour vous, à tous les cas des déclinaisons. Le français, c'est votre langue à vous. Vous pouvez en faire ce que vous voulez.

Moyennant quoi on s'est mis à lire ensemble du grec, en riant. Je ne me souviens plus s'ils ont appris ou non tout l'alphabet. Nous avons prononcé les mots que je traçais au tableau, j'ai déployé la folie des profondeurs du sens, appuyée sur quelques mots de cette langue si autre. Prenant tout le temps, j'ai avec eux lu, écrit-déchiffré-traduit, un grand bout du *Cratyle* de Platon.

Y a-t-il une justesse naturelle des mots (c'est le sous-titre du dialogue *Peri othotês onomatôn*, « De la rectitude des noms, des mots ») ? Est-ce que le nom de quelque chose, c'est un portrait de la chose, dessiné par les sons ? Même si la langue est une affaire de convention, cette convention ne fait-elle pas voir la chose dont on parle ? Comment s'articulent le dehors sonore et le dedans réel ? Rien à voir avec des questions abstraites. C'est au quotidien que cela s'éprouve et se gère, ne se gère pas. La psychanalyse, lacanienne ou non, en traite à chaque instant, nous sommes tous follement enfermés dans ce monde du dedans-dehors – où l'on retrouve mon brave mot-valise *kalokagathos* « bel-et-bon ». Qu'est-ce que je dis quand je dis quelque chose ? Qu'est-ce que j'entends, qu'est-ce que je n'entends pas ? Et quand ? Est-ce que j'ai le choix ? Ce n'est pas en lisant Lacan, ni même Freud, que je pouvais faire dresser l'oreille aux enfants. Mais c'est en tripotant les mots avec Socrate. Des mots qu'ils ne connaissaient pas et ne comprenaient pas d'avance. Du coup, ils pouvaient les entendre et en jouer librement. Socrate rivalise avec lui-même d'inventivité maniaque en étymologie, il profite des à-peu-près, navigue à vue dans les signifiants et les mots d'esprit. Il s'autorise tout, oriente les choses comme il veut, ne cesse de se contredire. Est-ce que les héros sont nés de l'amour, *eros*, ou bien est-ce qu'ils sont habiles à questionner, *erôtan* ? On ajoute, on retranche une lettre ou une syllabe, ça n'a aucune importance, on a tous les droits avec sa langue, elle dit ce qu'on veut, nous sommes tous des connaisseurs en étymologie et en onomastique. Regarde le corps, *sôma* : est-ce que c'est un tombeau (*sêma*) ou est-ce que c'est un signe (*sêma*) ? Aucune importance, c'est le même mot, le tombeau est par excellence un signe. Tout dépend comment je vois le monde : s'il coule comme le temps, emporté dans un flux, alors la science, *epistêmê*, piste, elle suit (*epomenê*) les choses et les accompagne dans leur marche, les mots le disent, la vérité (*alêtheia*) est une course (*alê*) divine (*theia*). Mais si ce qui compte est la stabilité, si ce qui existe vraiment est par définition durable, alors la science « arrête » (*histêsi*).

La seule leçon, c'est que sa langue, depuis toujours on en joue : on a le droit d'en jouir. De s'en offusquer quand on veut, d'y croire et de ne pas y croire. La langue maternelle, elle est à toi. Elle vient d'ailleurs, elle est aux autres, mais elle est à toi. « Les choses par nature disent et sont dites, parlent et sont parlées » et « voilà longtemps que je m'étonne moi-même de ma propre sagesse », conclut Socrate rigolard[7].

L'un des jeunes a soudain levé le doigt, le bras dressé en urgence, pour parler, pour dire quelque chose lui-même :

« Madame, j'ai compris, j'ai compris !

— Qu'est-ce que tu as compris ?

— J'ai compris l'étymologie de *con-cierge* ! »

Rien que du bonheur, quand parfois trente-six fesses font dix-huit culs.

Donnant donnant

J'avais obtenu une bourse pour finir la rédaction de *Si Parménide* en Allemagne. Mais comment quitter ces enfants ?

Une catastrophe rédimée par un sauvetage m'a permis de clore le compte et de choisir la route du grec. J'ai déjà raconté dans *Noyade d'un poisson* comment l'un des jeunes, si beau, si translucide, si muet, si tourmenté, avait disparu en se noyant dans le petit étang autour duquel nous campions, hôpital au vert réparti dans la propriété de sa directrice. Un adolescent parmi la bonne demi-douzaine qu'en toute incompétence je devais surveiller avec l'aide du professeur d'éducation physique. Des garçons et filles sous les tentes, vibrants et vivants comme des aventuriers craintifs, cet été anormalement chaud. L'un d'entre eux jouait avec des allumettes dans le sous-bois ; l'autre ne parlait qu'encadré dans ses bras comme dans un poste télé déréglé, pour évoquer le présentateur qu'il voulait pour père ; la fille si radicalement sale en talons hauts et rouge à lèvres n'arrêtait pas de pépier intelligemment. Chacun, oui chacun, aurait dû à chaque instant retenir toute l'attention.

Il y eut une part de trop dans le cassoulet du dîner. Un matelas pneumatique flottait sur l'étang. Les gendarmes ont fini par retrouver, deux jours plus tard, le corps noyé de ce garçon à nul autre pareil. Sa mère et son frère aîné sont venus le reconnaître avec soulagement. J'ai été chargée de raccompagner les autres enfants jusqu'à Paris. Dans le train, après trois jours d'anxiété et deux nuits sans dormir, ma tête tombait toute seule. Nous aurions pu tous sommeiller, les enfants et moi. Mais l'un d'eux me tirait sans cesse par la manche pour se camper à côté de moi sans rien dire. Je me rendormais, il tirait. Il n'avait jamais parlé, je n'avais jamais entendu le son de sa voix. Je me suis réveillée pour de bon, et je l'ai regardé pour de bon. Je me souviens de lui avoir dit en toute clarté et distinction quelque chose comme : Tu me réveilles, je me réveille pour toi, mais toi, en échange, tu dois quelque chose. Parle.

Il a pris l'indicateur des chemins de fer qui traînait sur le siège, l'a porté à hauteur de ses yeux, et s'est mis à lire solennellement Tours 10 h 13 Paris 12 h 50. C'était du donnant donnant et du une fois pour toutes, une situation absolue, engageant l'entière personne. Nous avions chacun donné à l'autre tout ce que nous pouvions et le monde a changé. Souvent il y a de la mort et de la vie en même temps, qui se rémunèrent pour que le monde continue. Quand ma mère est tombée, le visage dans son café au lait, j'étais à table en face d'elle avec Samuel au sein.

« Comme c'est gentil de me reconnaître »

Avec Jacques Lacan aussi, une boucle s'est bouclée.

Je suppose que des amis en analyse chez Lacan lui avaient parlé de moi. Je donnais des petits cours pour lire les textes anciens dont le maître parlait dans ses séminaires, et ceux dont il ne parlait pas, Hésiode par exemple, que tous les psychanalystes devraient quand même avoir lu. Nous vivions à l'époque, mon mari et moi, dans une maison de garde forestier avec une vingtaine de chevaux de concours en pension dans des boxes que nous avions construits. Il était cavalier, moi aussi. C'était, entre autres choses, son métier. Le téléphone sonne un dimanche matin quand j'étais à cheval, je me précipite, je décroche et j'entends : « Le docteur va vous parler. » Le docteur qui avait une secrétaire et pouvait me téléphoner un dimanche, c'était mon oncle Jacques Caroli, Min-ho comme l'appelait maman, chef de service à Saint-Antoine – le même âge que Lacan, internes jadis dans la même salle de garde (Lacan les énervait tant qu'ils lui avaient cuisiné sans qu'il le sache un placenta). Je dis : « Salut, comment vas-tu ? » en pensant parler à Jacques Caroli. Une voix assez caverneuse me répond, traînant sur « naître » : « Comme c'est gentil de me reconnaître, Jacques Lacan. » Ce fut notre premier contact.

Il voulait que je lui explique ce qu'est la « doxographie » ; littéralement l'écriture des opinions (*doxa-*, « opinion » et *-graphein*, « écrire »), c'est-à-dire la manière dont en Grèce on fait école, ou plutôt écoles, avec les opinions des philosophes. Cela devait l'intéresser par rapport à sa propre école. J'ai pensé qu'il voulait savoir comment une « école » naissait, finissait, comment on appartenait à l'une et pas à l'autre, selon quelle passe et quel adoubement. C'est une guerre généalogiquement tortueuse entre les écoles dans l'Antiquité, comme aujourd'hui entre les écoles de psychanalyse, elles se scindent, s'influencent, se concurrencent, les fils tuent les pères chez les hommes comme chez les dieux. Et puis pourquoi « opinions » et pas « vérité », et pourquoi l'écriture ?

Je suis allée longtemps rue de Lille, un an au moins une fois par semaine puis de manière plus espacée. Je préparais comme une malade (c'est le mot qui me vient), mettais une veste rouge et partais. Il me posait des questions au début, je lui lisais des textes. Puis il est resté à son bureau, le dos tourné, en train de tripoter des bouts de ficelle et de faire des nœuds. Il ne me regardait plus, je parlais doxographie grecque à sa veste en cachemire. Et ça m'entraînait, ça m'entraînait, ça m'entraînait. Un jour, il s'est retourné vers moi et m'a dit : « Vous irez voir Gloria » (c'était le nom de sa secrétaire). Je lui ai répondu : « Ah bon, vous allez me payer ? » Il m'a regardée d'un œil opaque : « Vous êtes bien Une telle » (je me souviens parfaitement du nom de la dame mais j'observe, on se demande pourquoi, un devoir de réserve). Bien sûr que non, je n'étais pas cette Une telle-là qui allait voir Gloria pour payer, pas pour être payée.

C'était magique comme réciprocité, deux fois une erreur sur la personne. La première claironnante, la seconde vitreuse, mais efficace. La boucle était bouclée. Je n'y suis plus retournée.

« La présence du sophiste à notre époque »

Au lieu de s'arrêter là, la porosité s'est accrue. Émile Benveniste, à mes yeux le plus remarquable des linguistes contemporains, définissait la psychanalyse comme « un langage qui agit autant qu'il exprime ». Une performance en somme, une *epideixis*, qui produit un effet dans le monde, un effet-monde.

Une phrase de Lacan m'a engagée à écrire tout un livre : « Le psychanalyste, c'est la présence du sophiste à notre époque, mais avec un autre statut. » Tout s'enchaîne presque trop bien. Autrement, la langue ? Les sophistes et les psychanalystes ont le même type de rapport au langage : ils prennent le mot au mot. Ils écoutent, ils entendent et ils renvoient. Gorgias montre comment Parménide joue sur les mots sans en avoir l'air. Et lui de son côté en profite pour jouer pour de bon, en en ayant l'air, et c'est ça qu'on lui reproche. En somme, il montre que le roi est nu. Vous avez entendu ce que vous avez dit ? Le psychanalyste, le sophiste, sont comme un mur qui renvoie son dire à celui qui parle.

On se met à entendre ce qu'on dit et même ce qu'on veut dire, les éponymies, les équivoques, les homonymies, les à-peu-près : « Hélène », « Barbara », « con-cierge », tout ce qui fait la force du signifiant.

Parler est un acte. « Qu'on dise » ne reste plus caché sous ce qui se dit dans ce qui s'entend. La preuve, c'est que parler ça soigne, ça peut même guérir. Les sophistes voient le langage comme un *pharmakon*, une drogue, un remède qui, c'est normal, peut être un poison. Antiphon le sophiste ouvre un cabinet sur l'agora de Corinthe et met une plaque : spécialiste en « art du déchagrin », il a la technique pour soigner en écoutant, les récits de rêve par exemple. La preuve que ça marche, c'est que ça se monnaye. Les sophistes et les psychanalystes, au grand scandale des philosophes, font payer la parole. Et vous allez voir ce que vous allez voir : des choses insupportables pour la philosophie normale. Une bonne fois pour toutes, il ne s'agit pas de Vérité, pas même de vérité. Il s'agit de *varité*, la vérité comme variée. Un joli mot de sophiste, un mot-valise qui fait entendre le signifiant de derrière. Lacan est le sophiste de notre temps.

Je crois qu'on retrouve ainsi la poésie, les grands arts du langage, l'art tout court. L'art ne cesse pas de jouer sur tous les tableaux. Un poème joue sur tous les tableaux du sens, il a toujours plus d'une norme et plus d'un sens.

Francis Ponge, poète du parti pris des choses, voulait que « la phrase ait un sens pour chacun des sens de chacun de ses termes », que les mots aient tous tous leurs sens, et que cette composition multiple de multiples fasse phrase. Ce serait « le comble du plaisir pour le métaphysicien », et, ajoute-t-il, « la cuisinière aussi pourrait trouver cela agréable, et comprendre ». Si on jouait à cache-tampon, je dirais : on brûle ! Parler, écrire, c'est ça. Traduire, c'est ça, évidemment ! C'est comme ça que le beau transit le vrai, dans la philosophie, dans la pensée, dans le langage. Les choses arrivent de la manière la plus festivement étrange et étrangère. On en entend plus, il y en a toujours encore avec le langage, et c'est pour ça qu'on respire. On voit bien que la psychanalyse se loge là : si j'ai fabriqué le *Dictionnaire des intraduisibles* – j'y viens –, c'est, au fond, une illustration parfaite de cette phrase de Lacan : « Une langue entre autres n'est rien de plus que l'intégrale des équivoques que son histoire y a laissées persister. »

« À L'ÉCHELLE D'UNE NATION »

Une vérité ironique

« Les notions d'importance, de nécessité, d'intérêt sont mille fois plus déterminantes que la notion de vérité. Pas du tout parce qu'elles la remplacent, mais parce qu'elles mesurent la vérité de ce que je dis[8] », dit Deleuze. Qu'est-ce qui mesure quoi ? Qui mesure quoi ? Philippe Joseph Salazar, le plus jeune recteur – *Dean of Arts* – de l'université de Cape Town, dans l'Afrique du Sud des derniers soubresauts de l'apartheid, avait créé un département de rhétorique, et m'avait invitée comme conférencière, puis comme professeur. Quand Mandela est arrivé au pouvoir avec les premières élections libres, j'ai travaillé là-bas, notamment avec un étudiant qui avait fondé une association semi-étatique, Kululekani (« Liberté » en xhosa) Institute for Democracy (KID). L'ANC (l'African National Congress de Mandela) m'a demandé de les aider à « *bring Parliament closer to people* », à rapprocher le Parlement du peuple. C'est ainsi que j'ai participé à ma manière à la Commission Vérité et Réconciliation qui se déployait dans l'ensemble du pays. C'est, avec le rôle de pédagogue d'adolescents psychotiques, l'expérience qui m'a le plus marquée : ce qui m'a stupéfiée les deux fois, c'est le pouvoir du langage. Les deux fois, il se passe quelque chose qui ne pourrait pas se produire par un autre moyen. Parler est un acte, c'est même le seul acte efficace à disposition. On a évoqué d'ailleurs, précisément alors, une « psychanalyse à l'échelle d'une nation ».

L'objectif de la Commission est de faire exister le peuple arc-en-ciel, mais de telle sorte que la fin de l'apartheid et les premières élections libres, *one man, one vote*, ne s'accompagnent pas d'un bain de sang. Il fallait tout le génie et toute la sagesse de Nelson Mandela et de Desmond Tutu pour cela. Mandela est pour moi le grand homme de ce siècle, le seul à l'enterrement duquel j'étais triste de ne pas aller.

Le principe de la Commission est ce que Desmond Tutu appelle une « vérité ironique ». Il faut que les *perpetrators*, ceux qui ont commis des graves violations des droits de l'homme, qu'ils soient d'un bord ou d'un autre, fassent une *full disclosure*, disent tout. C'est à partir de ce « tout dire » que l'on peut construire un passé commun pour le peuple arc-en-ciel. Des tonnes d'archives ont été détruites. On ne sait ni qui ni où sont les morts. Sans ce travail de mémoire collective, sans cette interférence et ces croisements entre témoignages, on ne saurait rien.

Pourquoi vérité « ironique » ? Parce qu'il faut faire en sorte que tous ceux qui auraient normalement intérêt à se taire désirent parler. L'ironie, c'est quand on prend la place de l'autre. Ainsi Socrate, dans les dialogues platoniciens : passent par sa bouche des choses que *l'autre* devrait dire. Se mettre au lieu de l'autre produit des effets puissants. De même fallait-il que celui qui devait cacher, cacher, cacher ses forfaits ait intérêt à les dire et les dise sans en omettre un seul. La Commission met en place une procédure d'amnistie redoutablement efficace : la liberté en échange de la vérité. Seul ce qui est dit est amnistiable et, dès que les conditions sont remplies, c'est amnistié. Un grandiose chantage : rien de moral, pas de pardon, ou alors comme un plus, mais du politique : la création d'une nation. Ainsi le tissu de l'histoire, sinon le tissu social, se reconstitue. On comprend à la racine la force du *storytelling* dont on nous rebat les oreilles : elle tient à la conjonction des deux sens du mot français, l'histoire-*history* – l'Histoire-discipline, avec une capitale – et l'histoire-*story* – l'histoire-récit, celle qu'on met au pluriel, les histoires que l'on raconte aux enfants pour les endormir. Les histoires qu'on raconte font l'Histoire. Ils ont fait confiance, ils ne pouvaient plus faire confiance qu'à la parole.

Équation amorale

La liberté en échange de la vérité. Cette équation est parfaitement amorale. Parce que j'avoue, ou plutôt parce que je déclare – ce n'est même pas un aveu, c'est une déclaration, *statement* –, parce que j'en fais la déclaration, le crime que je déclare est amnistié. On aurait tort de rapprocher cette déclaration d'une confession, car le repentir n'est pas exigé, et ce ne sont pas des péchés qu'il faut remettre. Il ne s'agit ni de morale ni de religion, mais de politique. C'est hors morale parce que l'intention est dramatiquement absente : l'intention de faire le mal, l'intention de tuer, ce n'est pas cela qu'on juge, et même on juge dans une certaine mesure à l'envers. Il importe de bien comprendre qu'avec la Commission Vérité et Réconciliation, le même acte exactement est amnistiable ou non. Il est amnistiable, bien sûr, seulement quand on en fait l'aveu, c'est la condition. Mais il est amnistiable s'il est commis « politiquement ». La « loi de l'obéissance due[9] », qui a fait tellement de bruit en Argentine et tellement de mal, est politisée sans reste. Si un Blanc poignarde un Noir parce que le groupe politique raciste auquel il appartient lui a ordonné de le tuer, il est amnistiable : « J'ai reçu l'ordre d'en tuer le plus possible ce jour-là. J'ai obéi. » Mais si un Blanc qui a poignardé un Noir dit : « J'ai vu ce Noir derrière moi, il était plus grand que moi. J'ai eu peur, je l'ai tué ! Je suis désolé, on m'a élevé comme ça », ce n'est pas amnistiable. On touche aux limites de la Commission. Même si c'était bien vu de demander pardon, comme aujourd'hui en cour d'assises, ce n'est pas de pardon qu'il s'agit, mais d'amnistie.

Je me souviendrai toujours d'une scène admirable, d'ailleurs filmée[10] et largement diffusée dans tout le pays, comme une grande partie des auditions. Une jeune veuve, en présence de ceux qui avaient envoyé à son mari, avocat des droits de l'homme, un colis piégé ; il y avait des morceaux de mon mari partout dans le garage, disait-elle : « Comment voulez-vous que je pardonne à des assassins si cruels ? » Et la présidente de la Commission ce jour-là, Yasmin Sooka, lui a répondu avec une immense douceur : « Ma sœur, nous te comprenons, nous sommes avec toi. Nous ne te demandons pas de pardonner, mais nous, nous allons amnistier. »

Pas d'autre châtiment que la honte (*aidôs*, se voir par les yeux des autres, prendre conscience). L'*ubuntu* comme effet : un « nous sommes, donc je suis », de l'ordre de la réconciliation. On a voulu, on voudrait essayer cela ailleurs, là où la situation est politiquement sans autre issue qu'encore plus de guerre et de sang. Tenter de mettre à plat le trop de haine et d'injustice, pour construire une suite sans vainqueurs ni vaincus – et si c'était faisable ? Un modèle pour ailleurs dans le monde, qui a déjà fait petite tache d'huile, mais si peu, si difficilement. Il y avait un troisième ingrédient : Vérité, Réconciliation, Réparation. Imaginons quelles réparations entre Israël et Palestine ? Les réparations peuvent-elles aller contre les condamnations économiques à perpétuité ? La tristesse tient à ce qu'une merveille langagière politiquement géniale ne puisse évidemment pas suffire et qu'on ait tort de s'en étonner.

Onze langues nationales, avec la traduction partout, dont deux langues véhiculaires et partagées : la langue des Boers et celle des Anglais, les deux grands oppresseurs, constructeurs de camps, y compris l'un pour l'autre. La nouvelle Constitution s'est écrite dans les onze langues, avec le mot zoulou *ubuntu* en partage dans toutes, à côté de *fellowship* ou de *reconciliation*. Plus qu'un salut symbolique, c'était la trace de la tâche de la traduction : faire avec les différences et non les gommer ou les fondre. On m'a demandé d'aider à traduire la Constitution, à inventer des mots qui n'existaient pas dans des langues que je ne connaissais pas – « liberté » en xhosa ? « *ubuntu* » en afrikaan ? Le grand juriste que j'ai rencontré à cette occasion avait perdu un bras et un œil dans sa voiture piégée. Celui qui avait posé la bombe s'est excusé auprès de lui lors de la Commission : il s'était trompé de voiture. Avancer quand même.

Il y avait là-bas tant de choses à apprendre. Sur le rapport entre pardon et amnistie, morale et politique, sur la nécessaire discordance entre les deux, l'impact de cette discordance pour constituer un pays, un avenir, un monde commun. La liberté en échange de la vérité. Où l'on retrouve la vérité comme art de combat. Mais certainement pas La Vérité. Le peuple arc-en-ciel, il fallait, pour le faire, c'est l'une des phrases les plus géniales de Desmond Tutu, produire *enough of the truth for*, « assez de vérité pour ». Pour un partage de passé, une construction acceptable, mais certainement pas toute la vérité et encore moins la Vérité vraie.

« *How to turn...* » et le petit écriteau

Du plus vrai, du meilleur pour, à la Protagoras, un relativisme conséquent. Non pas du genre « Ça me suffit » (*Sam'suffit*, comme les petites villas sur la côte normande). Mais du genre « Jugez », « Et toi, il te faut supporter d'être mesure ! » comme réquisit politique essentiel, voire unique. L'Afrique du Sud a été pour moi le moment d'après 68 qui m'a obligée à réfléchir politiquement, à prendre tout le temps pour essayer de comprendre. Je n'ai pas cessé de me dire : « Qu'est-ce que je pense de ce que je vois ? Qu'est-ce qui se passe ? Qu'est-ce qui suffit ? Qu'est-ce qui ne suffit pas ? Qu'est-ce que je comprends ? »

Je voudrais rapprocher deux phrases en situation. L'une est un immense graffiti noir et blanc taggué sur le mur de la maison où Desmond Tutu résidait quand il était à Cape Town. On lit : « *How to turn human wrongs into human rights.* » Cette phrase est pour de bon intraduisible, elle contient trois sens comme une phrase de Gorgias. Comment faire pour que les torts faits à l'homme deviennent des droits de l'homme ? Comment faire pour que les erreurs humaines se transforment en exactitudes ? Comment faire pour que les malheurs de l'homme se changent en justesse et justice rendue ? Protagoras encore : lui aussi demande qu'on fasse l'« inversion des états », que l'on apprenne à passer non pas du faux au vrai, mais du moins bon au meilleur, et au meilleur pour, pour un homme, pour une cité. Il l'enseigne en parlant : « Et toi, il te faut supporter d'être mesure ! »

C'est ce que dit aussi l'autre phrase. Mandela venait d'arriver au pouvoir, j'étais à Cape Town et faisais la touriste. Je suis allée visiter près du Parlement le South African Museum, l'un des plus grands musées du Cap, de l'autre côté de

Company's Garden. Les premières salles ressemblaient à l'ancien musée de l'Homme, revu par Mme Tussaud. Des salles et des salles de statues de cire, avec des scènes de genre, qui montraient des Khoïkhoï, des « Hottentots », c'est-à-dire les populations primitives, les peuples premiers, comme on dit : on voyait des hommes essayer d'allumer un feu en tournant un bâtonnet, la guerre du feu, et puis des femmes aux mamelles pendantes, avec des enfants qui tétaient, des abris, des branches, de la terre battue, saleté partout. Des salles et encore des salles, pour montrer ce que c'étaient que des primitifs, il ne fallait pas confondre. Une violence poussiéreuse, racialisée au maximum, venue du cœur du XIXe siècle.

Simplement, au milieu de l'une des salles, il y avait un petit écriteau : « Que pensez-vous de ce que vous voyez ? » J'ai pensé que Mandela l'avait fait mettre en arrivant. Je crois que c'est, rapport qualité/prix, l'intervention la plus économique, la plus culturelle, la plus civilisationnelle, la plus morale et évidemment la plus politique que l'on puisse inventer. Non pas tout démolir et caviarder les traces de l'histoire, déboulonner les statues, mais demander à celui qui voit d'avoir le recul, de faire le pas en arrière, ce que Heidegger appellerait le *Schritt zurück* : qu'est-ce qu'il voit ? Se poser cette question-là. Juger. Cette incitation minuscule, sur un tout petit cartel, pour tous les enfants du monde, tous les visiteurs du monde, m'a paru d'une force bouleversante. Par la suite, quand j'ai travaillé à l'exposition du Mucem, *Après Babel, traduire*, je n'ai pas cessé d'y penser. Réussir une exposition, c'est faire en sorte que tous aient envie de prendre cette distance qui leur permet de juger ce qu'ils voient.

J'ajoute, côté Khoïkhoï, que j'ai parcouru le veld avec un professeur d'archéologie, en compagnie de mon fils Victor qui faisait un DEA sur la politique du sida, ail et gingembre après Mandela… Difficile d'imaginer plus d'émotion, esthétique et intellectuelle, que celle provoquée par cet art du *rockpainting* que le musée ne montrait pas. Ce ne sont pas des grottes profondes mais plutôt des abris, on y voit des mains avec des lignes de pouvoir qui prolongent les doigts, et on les trouve à suivre des kilomètres plus loin. Le plus troublant, c'est que ces lieux ont été sans cesse ré-habités, revisités, repeints. On voit des dessins préhistoriques, de minces silhouettes à besace et, sur les mêmes parois ou presque, des figures contemporaines de l'arrivée des Boers, avec des chevaux et des pistolets, peintes avec les mêmes couleurs et de même facture. Les peintures préhistoriques dans certains coins d'Afrique du Sud et en Namibie sont peut-être les plus belles choses du monde. Mais outre l'éternité de cette beauté, on perçoit l'histoire d'un regard en acte qui perdure en modulant les événements et fait que le temps devienne graphique. C'est non seulement l'éternité, mais le temps aussi qui s'inscrit sur les parois. Il y va sans aucun doute d'une culture qui trouble l'espace-temps et le fait vibrer, comme celle des rêveurs du désert en Australie. On comprend qu'elle ne se laisse pas saisir dans un musée de soi-disant primitifs.

« Vous l'avez garrottée ? — Oui »

J'ai, une fois dans ma vie, pratiqué le jugement professionnel. Je ne parle pas du jugement au sein des jurys d'examen ou de concours ni des redoutables *peer reviews* qui vous imposent de croire que vous en savez plus que les autres, en particulier dans les domaines que vous ne connaissez pas et où vous ne connaissez personne afin d'éviter ce qu'on appelle les conflits d'intérêts. Non, jugement professionnel au sens de jugement judiciaire. J'ai été jurée d'assises, tirée au sort, et j'ai accepté avec enthousiasme, comme une très grande chance, cette occasion de participer de l'intérieur à la machine citoyenne. J'ai commencé à écrire un livre pour témoigner de ce que j'ai vécu. Je me suis arrêtée faute de pouvoir tout dire, tenue au secret de délibérations à mes yeux scandaleusement biaisées par la présidente du tribunal. Je fus d'ailleurs peu après interviewée pour une émission de télévision dans cette même salle de tribunal donnant sur la Sainte-Chapelle, mais je n'en ai plus entendu parler.

Je laisse de côté ce que je pense de la présidente au rouge à lèvres si bien assorti à la robe, au féminisme de caporal alors qu'il aurait fallu tenir compte de la structure même du tribunal composé de trois femmes, et de celle du jury, presque exclusivement des femmes sans emploi ou retraitées – il y avait si je me souviens bien seulement deux hommes dont un curé : « tous les citoyens » sont tenus d'accepter en principe, mais sont dispensés ceux dont la présence au travail est « irremplaçable ». Tous blancs, sans exception, nous jugions à cette séance-là, dont la folie me poursuit, deux jeunes hommes, un black et un beur, accusés de viol. Permettez-moi de raconter comme dans une tribune de *Libération* écrite alors.

Les accusés, trois ans de préventive si je me souviens bien, « pointeurs » sortant peu de leur cellule, étaient inculpés d'avoir violé deux Suissesses allemandes venues fêter leurs dix-huit printemps à Paris avec leurs parents. Elles avaient changé d'hôtel pour être plus libres. Ils se rencontrent à la fontaine de Beaubourg, se voient tous les jours. Le dernier jour, d'un commun accord, avec whisky et fumette, ils vont dans un appartement prêté.

Viol donc. C'est écrit sur nos murs aujourd'hui : « Céder n'est pas consentir. »

Ils les raccompagnent en taxi à l'hôtel, échangent les adresses. Tendresse, don de bague. Le lendemain, avant de partir pour l'aéroport, l'une des filles consulte un pharmacien. Qui les envoie à la police. Qui les emmène en voiture à la fontaine : « Chérie, tu n'es pas partie ! » Clac ! Menottes, préventive. Elles filent prendre leur avion, elles n'ont jamais été présentes ni représentées, l'audience a été reportée une première fois, cette fois elle doit se tenir.

Témoignage à l'audience, trois années plus tard, du commissaire de police qui leur a fait porter plainte. Il est censé témoigner *expressis verbis*, avec les mots exacts, au mot près, et il le jure : « Elle m'a dit : "Il m'a garrottée." » Ce mot rare et connoté m'arrête. Je demande l'autorisation de poser une question : « "Garrottée" ? Elle a vraiment dit le mot ? — Oui. — Mais en quelle langue vous parlait-elle donc ? — Euh, c'est vrai, je ne parle pas anglais. » Je rigole : « C'était donc des Suissesses anglaises ? » Le commissaire ne parle pas l'allemand et elles, elles ne parlaient pas vraiment le français. « Garrottée » : un mot de commissaire de police, peu de chances que la jeune étrangère l'ait utilisé ! Retirez votre question, me dit la présidente, surréaliste, il faudrait un interprète et nous n'en avons pas. « Puis-je en poser une autre à l'accusé ? — Oui. — Vous l'avez garrottée, monsieur ? » Réponse de l'apprenti carreleur : « Oui. — Et vous avez fait comment ? » L'accusé esquisse un geste tendre : « Je l'ai prise tout doucement par le poignet et je l'ai allongée sur le lit. »

Une question du juré masculin à l'autre accusé, l'un des plus beaux hommes que j'aie jamais vu : « Mais est-ce qu'une femme vous a déjà résisté ? » Réponse tranquille : « Non. »

Arrive l'expert. « Ces jeunes filles sont entièrement fiables. » On savait à la lecture du dossier par la présidente que la première, vierge, avait assuré qu'elle ne l'était pas. L'autre, qui n'était plus vierge, avait dit qu'elle l'était. Je demande alors l'autorisation de poser une nouvelle question : « Monsieur l'expert, "fiable" veut dire qu'elles disent la vérité ? — Oui. — Mais alors ? — Oh, la virginité, c'est quelque chose de tellement subjectif ! » Parole d'expert.

Passages obligés : les accusés ont un travail qui les attend, l'un a une compagne enceinte, ils n'ont pas compris, regrettent, s'excusent. Les avocats commis d'office font ce qu'ils peuvent. Quand viennent les délibérations, que la loi nous fait garder secrètes, j'ai voulu connaître le plus bas degré de la peine. Question sans réponse. Mais on nous a longuement parlé du viol entre époux et la présidente a suggéré que la compagne, retrouvée lors d'une sortie, n'était pas enceinte – ils font tous pareil et disent tous la même chose. À la toute fin, la juge d'application des peines a murmuré que les trois ans de préventive couvraient les six ans vers lesquels on nous orientait. J'ai vu des jurés faciles à manipuler et une dynamique redoutable, perméable au pire, racisme, féminisme mal pensé. J'ai vu la peur sous toutes ses formes, mûre pour punir les atteintes à la « sécurité » et à la « tranquillité ». C'est de cette peur que j'ai eu peur.

J'ai compris alors ce que c'est qu'une langue, des niveaux de langue, la différence des langues. Le travail que je peux faire aujourd'hui avec les Maisons de la sagesse-Traduire, quand nous confectionnons des Glossaires de l'administration française, où l'on voit que des items aussi simples que « Nom, prénom, date de naissance » ne recouvrent pas exactement le même type de sens et de réalité concrète pour ceux qui accueillent et ceux qui sont accueillis, selon leur culture et l'endroit d'où ils viennent ; ou avec les enfants des classes d'accueil, à Aubervilliers et à Marseille, dans les expositions et les dispositifs sur la traduction, sur le mot qui leur manque le plus ou le mot qui leur paraît le plus étrange. Toutes ces tentatives, même si elles ouvrent beaucoup plus largement, sont aussi là pour interdire cette pointe du « Vous l'avez garrottée ? — Oui. » Elles s'inscrivent dans l'inquiétude que suscite la justice punitive. Ricœur parlait du « scandale intellectuel – scandale au sens étymologique de pierre d'achoppement – que constitue la peine en tant qu'elle ajoute une souffrance à une souffrance, la souffrance de la peine à la souffrance du tort fait à autrui[11]. » Le coupable est puni en tant qu'être rationnel (on ne punit pas un fou) et pourtant on le fait souffrir dans sa chair et non dans sa raison : cette carence des réponses rationnelles, c'est ni plus ni moins de la violence, la « dimension violente de notre justice ordinaire ».

J'ai souvent parlé de la Commission Vérité et Réconciliation. Deux lieux m'ont marquée, où comptait évidemment la différence entre les deux justices, « transitionnelle » et « punitive » : Téhéran, et Fleury-Mérogis. On comprend pourquoi. À Fleury, la responsable de l'enseignement, tout à fait remarquable, à qui je posais la question : « Quand votre métier vous a-t-il paru le plus difficile ? », m'a fait cette réponse : « Quand j'ai eu devant moi un petit blond qui ressemblait à mon fils. »

Serait-ce que le goût...

Nous sommes dans Arendt et dans Protagoras : la faculté politique par excellence, c'est le jugement. Et même le goût. Serait-ce que le goût est une faculté politique ? Réponse oui. Le goût, ce qui ne s'apprend pas et qu'on ne cesse d'enseigner, ce qui dépend de la culture, de la classe sociale, des parents, des autres, de la pub, du market, oui, cela même est essentiellement politique. C'est pourquoi il faut ouvrir l'école, déconfiner la société, traduire. Depuis toujours et jusqu'à aujourd'hui, ce serait cela, la saine morale. Non pas l'universel kantien de la loi morale : « Agis de telle sorte que la maxime de ton action puisse toujours être une loi universelle. » Cet impératif d'universalisation – tu voles, mais si tout le monde volait ? tu triches, mais si tout le monde trichait ? tu mens, mais si tout le monde mentait ? – n'est qu'un *fake* rigoureux. L'universel, c'est toujours l'universel de quelqu'un. Celui-là, c'est l'universel de Kant, des Lumières, il fait du bien à un moment donné de l'histoire, à ceux auxquels on en refuse l'usage. C'est comme l'argent, il est préférable de ne pas en manquer et de vivre dans un pays des droits de l'homme. Mais la véritable faculté politique, c'est le jugement. La culture, l'éducation, c'est l'apprentissage du jugement ; et « Que pensez-vous de ce que vous voyez ? » est la phrase la plus morale au monde.

Je ne crois pas à la vérité, en revanche je crois au jugement. Je crois que si morale il y a, elle consiste à enseigner autant qu'on le peut à juger, à apprendre à juger et à juger soi-même.

Bien sûr que c'est dangereux. Il n'y a rien de plus dangereux que le jugement et l'éducation au jugement. Sauf de ne pas juger et de ne pas enseigner le recul critique.

C'est d'ailleurs pour cela que je m'entends si étonnamment bien avec Alain Badiou. Il me trouve très morale. « Toi, tu fais semblant de ne pas l'être, mais tu l'es. Tu crois que tu ne l'es pas, mais tu l'es. » Il a bien raison de me mettre le nez dans mon jugement. Quand nous réfléchissons ensemble à ce qui devrait absolument nous séparer, aux yeux de ses amis comme de ses ennemis, nous constatons encore et toujours à quel point c'est facile et heureux de travailler ensemble. Il y va d'un accord souterrain et étendu qui nous rend légers l'un à l'autre. Un respect délicat du particulier aux lieu et place de la loi morale.

La raison, je l'ai depuis longtemps formalisée, à ma manière non mathématique. La *Critique de la raison pratique*, la morale universaliste kantienne, nous n'y croyons pas plus l'un que l'autre, nous éprouvons même pour elle un analogue dégoût. Côté *Critique de la raison pure*, manière de penser la raison, nos outils, nos convictions, nos pratiques, nos désirs en philosophie, on peut dire que tout nous sépare. Il est du côté des mathématiques, moi du côté du langage ; nous pouvons nous retrouver hors philosophie, mettons en poésie, mais il ne me viendrait pas à l'idée d'appeler cela « conditions », ni de vouloir comme lui la philosophie et ses conditions. Je ne peux ni ne souhaite apprécier l'architecture d'un système. Les constructions, si ouvertes et multiples qu'on les planifie, me paraissent toutes d'abord kafkaïennes, et je crains de m'y aventurer. Les comprendre, ne serait-ce que vouloir les comprendre, m'enferme, et je suis d'accord pour avoir tort. Le tout, un tout, me fait fuir, même quand il ménage la place du manque. « Rien ne me manque, pas même le manque », disait cruellement Lacan à l'organisateur d'un colloque sur le manque.

En revanche, nous avons la même admiration pour la *Critique de la Faculté de juger*, comme matricielle et pas seulement en philosophie. Nous dirigeons ensemble des collections depuis plus de vingt ans maintenant, et ne cessons de constater que nous jugeons très généralement de la même manière un manuscrit : ça nous ennuie, ça nous horripile, ça nous étonne, ça nous plaît de la même manière, pour les mêmes raisons, quelle que soit la distance avec laquelle nous lisons, par rapport à nos propres convictions, nos propres moyens, nos propres soucis. La critique du jugement, c'est la critique ultime, le jugement, c'est la faculté politique par excellence. Sous des jugements circonstanciels liés à des radicalités différentes, autrement construites dans l'espace et dans le temps, nous pratiquons ensemble quelque chose comme une paix du jugement, d'action immédiate. C'est pourquoi politique et esthétique sont liées à mes yeux. La culture, ça s'apprend. La beauté du monde, ça s'apprend aussi. S'il existe un devoir politique, c'est de les enseigner, c'est-à-dire d'ouvrir des possibles.

ENTRE ET AVEC

Un dictionnaire de sophiste

Ouvrir les possibles et parler en son nom, cela s'est matérialisé pour moi avec le *Vocabulaire européen des philosophies*, le *VEP* pour les intimes. Il n'y a pas eu un événement de vie plus déclencheur qu'un autre, car tout y a mené et tout est anecdote. Tout, depuis le moment où j'ai fait du grec, avec mon père qui sautait dans sa 4 chevaux vert pomme pour courir acheter toutes les traductions de la version que je devais rendre le lendemain, nous rusions pour en trouver une encore meilleure ou, à défaut, subtilement différente.

J'étais alors, grâce à Alain Badiou, codirectrice avec lui de « L'Ordre philosophique » aux Éditions du Seuil. Nous succédions à François Wahl et Paul Ricœur, et Thierry Marchaisse était notre référent éditorial. Il voulait un dictionnaire de philosophie, et m'a proposé un projet. Cela ne m'intéressait nullement, sauf. Sauf à en faire philosophiquement quelque chose, de mon propre point de vue.

Un dictionnaire de sophiste et non de philosophe, qui traiterait non pas des concepts, pseudo-universels, mais des mots. Un dictionnaire de l'ouverture des possibles, à partir de la différence des langues, des époques, des cultures. D'où l'idée de travailler sur la traduction, c'est-à-dire de se colleter avec les difficultés de traduire les concepts qui, qu'on le veuille ou non, sont d'abord des mots ; travailler sur les difficultés de passer d'une langue à l'autre, ces « intraduisibles » que l'on ne cesse de traduire et de retraduire. Des nuages de mots – « J'aime les nuages, les merveilleux nuages », écrit Baudelaire.

Pas tous les concepts/mots évidemment, et pas toutes les langues, hélas. Ce qu'on peut, ce qu'on trouve, ce qu'on a les moyens de traiter. La psychanalyse offre à point nommé la notion de « symptôme », pour désigner ce qu'on voit et ce qui gêne, les chutes, les cas. Depuis les manières d'ouvrir le monde et de dire bonjour, jusqu'aux mots pour dire l'être, l'âme ou l'amour – etc., etc., on n'en aura jamais fini, tant pis tant mieux, nous en ferons un wiki multilingue et une énergie en mouvement.

Un dictionnaire de sophiste parce qu'il prend les mots aux mots, au lieu de prendre les idées pour argent comptant. Il les prend dans l'amplitude multiple de leurs sens, des amplitudes différentes selon les langues, d'où l'impossibilité de superposer et les termes et les réseaux. Je trouve réjouissant qu'il y ait un seul mot pour dire « aimer » en français (j'aime Dieu, mon amant et la tarte à la rhubarbe), alors qu'en anglais je dois discerner ce que je *love* de ce que je *like*.

Cet ouvrage, si spécial et spécialisé soit-il, est vraiment pour tous. D'une part, il rend sensible la manière dont chaque langue jette son filet sur le monde et le construit, c'est un début de profusion ouverte, de nouveaux nuages flottent dans le ciel pur. D'autre part, et cela a tout à voir à mes yeux, il est aujourd'hui en édition de poche, enfin de semi-poche, qui le manifeste comme achetable.

Comme avec toute sophistique qui se respecte, c'est de politique aussi qu'il s'agit mais ici et maintenant, dans une Europe en train de se faire : c'est donc un dictionnaire politique. Il fallait qu'il milite contre deux dangers : d'abord un anglais *globish* fait pour communiquer, qui permet de se passer des langues et des cultures, si bien qu'on ne les enseigne plus, qu'on ne les pratique même plus. Et, d'autre part, une singularité nationaliste revendiquée comme une origine et un génie à nul autre pareil, sur le modèle du grec et de l'allemand conçus par Heidegger.

« C'est le livre que j'attendais ! »

À l'évidence, c'était un livre impossible, irréaliste, irréalisable. Trop long, trop cher, trop exigeant, sans public.

Le Seuil s'y intéressait pourtant, mais il n'avait jamais édité de dictionnaire et voulait un partenaire. J'ai alors rencontré Alain Rey, l'homme du Robert, l'auteur du fabuleux *Dictionnaire historique de la langue française* sur lequel je n'ai jamais cessé de faire fond, avec, comme autre échafaudage, le *Vocabulaire des institutions indo-européennes* de Benveniste[12]. Je lui raconte le projet, très intimidée. Il me répond : « C'est le livre que j'attendais ! », je ne l'en remercierai jamais assez.

C'est ainsi, allant de soi à partir d'une idée-désir, que s'est fabriqué le *Dictionnaire des intraduisibles*. Quinze ans d'une inventivité conviviale, quelque chose comme une immunité de groupe, chacun en prise sur une langue, un savoir, une époque qu'il appropriait au fur et à mesure, présent à l'idée. Le *Dictionnaire des intraduisibles* s'est fait rien qu'avec des amis qui ont entraîné d'autres amis. Jean-François Courtine, Alain de Libera, Étienne Balibar, Jacqueline Lichtenstein, Marc de Launay et Marc Crépon, Philippe Raynaud, Philippe Büttgen, puis Sandra Laugier, Irène Rosier-Catach, nous fûmes cent cinquante en arrivant au port. Charles Baladier, qui avait coordonné l'*Encyclopædia Universalis*, m'aidait à tenir les fils. Je l'avais rencontré dans les années soixante-dix : pendant un temps, chaque matin j'écrivais un article (juste l'argent qu'il me fallait pour la journée), et quand je lui ai rendu le premier, il eut la gentillesse de m'appeler pour me dire que, pour la première fois, il n'avait pas eu besoin de changer un mot.

Les choses se lancèrent à Naples, dans le sillage de Roberto Esposito, grâce à l'*avvocato* Marotta qui nous avait tous invités (quand un pickpocket lui dérobait son portefeuille, quelqu'un le lui rapportait le soir même avec des compliments), et nous commençâmes une répartition des tâches et une sélection des termes : sur quoi butions-nous ? Qu'est-ce qui nous donnait envie d'écrire une note de bas de page quand nous traduisions ? Le CNRS soutenait. Wismann indiquait avec qui travailler quand une langue manquait : ainsi Constantin Sigov nous a nourris d'ukrainien et de russe ; Fernando Santoro était venu travailler le grec depuis le Brésil, et se retrouvait à rédiger l'article « Saudade ». Tout le monde était libre et tout le monde obéissait. Pas à quelqu'un, mais au projet. La commande, c'était la chose. Comme dans la *Ville Ouverte*, la phalène, la rue de Lanneau, la Revue de poésie murale. Comme quand on est heureux.

Pour construire une maison, il ne faut pas être pressé. Quand on veut passer là où personne ne passe, il faut accepter de laisser filer les occasions et en attendre une autre. Parfois tout se bloque, c'est le Cyclope qui gagne, presque. J'avais l'impression que nous avancions bien, je commençais à maîtriser le temps et la forme. Le Robert, pour s'en assurer, avait dépêché une jeune femme, une chère et tendre, qui déjeunait avec les uns et les autres. Son rapport fut négatif et sans appel. Claude Cherki, qui dirigeait le Seuil, n'avait guère le moyen de continuer seul. Il m'a convoquée, avec Thierry Marchaisse, pour me faire part de sa décision. Je ne me doutais de rien. Je fus si choquée que mes larmes coulaient. Les mots sont sortis tout seuls : « Vous allez vous fâcher avec toute la philosophie française, peut-être une partie de la philosophie mondiale, pour une histoire de cul ! » Cela a suffi. Vive la France.

« Plus d'une langue » !

Le dictionnaire est un geste et non une œuvre close. Sa nouvelle édition en poche en fournit une preuve que je chéris. Elle n'est pas corrigée (j'aurais bien pourtant trois pages de fautes), mais elle est augmentée d'un « plus » qui est précisément la suite du geste. L'augmentation ne vient pas de ce qu'on en a trouvé plus, des intraduisibles, car cela va de soi : il n'y a que des manques. Je peux dire dans un même souffle que tout est intraduisible et que tout est traduisible, et d'ailleurs traduit. Avec du plus ou du mieux intraduisible, dans telle ou telle langue – ainsi j'ai rêvé d'écrire pour l'édition américaine un article « Différence », avec « différance » de Derrida et « différend » de Lyotard.

De fait, il y a des traductions, donc des réinventions du dictionnaire dans d'autres langues, et c'est de là que viennent comme un manifeste les quelques entrées nouvelles, rédigées en américain, ukrainien, arabe, portugais, hébreu, et aujourd'hui retraduites en français. Chaque nouvelle traduction du dictionnaire non seulement traduit l'existant, mais ajoute de nouveaux intraduisibles qu'elle juge majeurs pour sa langue et sa culture, au moment où elle en est de son histoire. C'est le geste qui fait méthode, car l'intention philosophante et politique se réinvente chaque fois. Le dictionnaire mute tout seul. Un grand moment d'émotion collective fut la médaille d'or du CNRS, attribuée à travers moi à cent cinquante chercheurs de tous les pays rédacteurs de l'ouvrage en français, et à bien plus de cent cinquante autres, traducteurs-réinventeurs en langues d'Europe et d'ailleurs (la plus récente édition est en roumain). Dans le grand amphithéâtre de la Sorbonne, avec des lycéens venus d'Aubervilliers, nous avons entendu de nouvelles entrées en anglais d'Amérique, en ukrainien et en russe malgré la guerre, en espagnol du Mexique, en portugais du Brésil, en italien, en roumain, en arabe, en wolof aussi car une nouvelle traduction débute. Décolonial ?

Mon rêve est de les prendre toutes ensemble et de croiser leurs différences pour amorcer un wiki des intraduisibles : des humanités numériques inventives…

« Plus d'une langue », une exclamation de Jacques Derrida, est la devise qui figure sur mon épée d'académicienne. Je suis devenue une militante. Aucune langue n'est seule, il faut parler ou entendre au moins deux langues pour savoir qu'on en parle une, l'expérience cratylienne d'Étienne Marcel en témoigne. La norme est le pluriel. Promouvoir le français seul, n'importe quelle langue seule, comme si c'était *le* langage, c'est d'une grande erreur et d'une grande ignorance. Il y a des langues, et on ne peut pas, on ne doit pas priver quelqu'un de sa langue. La chancelante équivocité du monde est une chance. Etc., etc., etc. Je dis etc. pour épargner la transformation en lieu commun du « entre » et du « avec ».

« Ah ! »

J'aimerais ajouter une sorte de codicille. J'ai créé il y a quelques années la *Revue des femmes-philosophes de l'UNESCO*, avec ou sans tiret entre les deux substantifs (c'est une question que nous n'avons d'ailleurs pas vraiment résolue). Quand on me demande : « Est-ce que c'est difficile pour une femme d'être philosophe ? » je réponds que non, ce n'est pas difficile, pas plus que pour un homme. Laissons de côté le poids du passé et la sociologie des études universitaires. Laissons de côté aussi l'image que nous nous faisons du cerveau genré, étayée ou non sur les connexions neuro-sientificisées. Je réponds pour moi seule. Hors toute *political correctness* et brutalement.

Quand on travaille ensemble, il ne faut pas coucher ensemble. On peut, il faut même, se plaire, se séduire, mais être amants rend un certain nombre de choses impossibles, parfois définitivement. C'est tellement triste... Je ne (me) conseille pas de prendre le risque. Un peu comme Nietzsche craignait de faire une psychanalyse, on peut craindre d'aimer d'amour celui ou ceux avec qui l'on travaille. Il y a là une sinueuse et coupante ligne de crête. C'est difficile, et peut-être regrettable, de faire que le travail échappe à la vie. Pourtant, si l'on ne sait pas au bon moment mettre entre parenthèses (faire l'*epokhê*, en idiome philosophique) des grandes petites circonstances de la vie, argent et sexe, il se peut que plus rien ne soit possible. Je me souviens d'avoir vécu la plus frustrante des relations de travail, la plus méchante même, avec un helléniste de la Sorbonne célèbre parmi ses pairs, alors que, je crois, lui et moi nous nous estimions absolument (hainamorions, peut-être) jusque dans nos idiosyncrasiques perceptions des textes grecs. Alain Badiou, avec qui je lisais des manuscrits, m'a posé la question : « Comment se fait-il qu'il soit si odieux avec toi ? » Je lui ai répondu : « Il a été mon amant — Ah ! »

IV

« LAISSEZ-LE PARTIR »

*— Sur la ruse, l'autre, la mort,
ou Ulysse, Étienne, Pino —*

PANTOPOROS APOROS,
PASSER OÙ IL N'Y A PAS DE PASSAGE

Ils ne savent pas qu'ils vont mourir

J'avais, mettons, une dizaine d'années, nous étions en vacances à l'île de Ré. Ma sœur, quinze ans de plus que moi, arrivait d'Algérie avec son mari et leur bébé. Il faisait son service militaire comme médecin appelé, et voulait rempiler (j'ai compris plus tard qu'il soignait ceux qu'on torturait, et donnait son avis pour savoir si oui ou non on pouvait continuer l'interrogatoire). Mes parents s'y opposaient farouchement, au moins pour ma sœur et l'enfant, les discussions étaient violentes. Bref, pour la première fois, je sentais que les aînés, les vieux, avaient des choses importantes à dire.

C'était une maison de location pleine de roses trémières, chez Mme Goguelat au nom inoubliable, il y avait un salon avec des dentelles sur les fauteuils et des perles sur les abat-jour. Des amis en visite, tout le monde était assis, un soir, intense et paisible. Ils parlaient d'autre chose, de la pêche à la crevette, pourquoi pas, ils parlaient. Et moi, j'étais juchée sur l'armoire, tout en haut avec les jambes qui pendaient. Je les voyais chacun à leur place et je voyais entre eux des lignes de paroles, des échanges qui se dessinaient comme des traits. Je les regardais. Et ça parlait, et ça parlait, et ça parlait. Je ne comprenais pas forcément, ce n'était pas forcément grave. Simplement, tout d'un coup, j'ai pensé : « On dirait qu'ils oublient, qu'ils ne savent pas qu'ils vont mourir. » Pour la première fois m'est venu comme une évidence que, lorsqu'on grandissait, on oubliait qu'on allait mourir, alors que, quand on est petit, à mon âge, à dix ans, comme ça, les jambes pendantes, je savais que la vie était un atterrissage, qu'on était là pour un temps, et qu'il fallait que ce temps soit du temps essentiel. C'était très bizarre pour moi, tout d'un coup, qu'on oublie, et même qu'il appartienne à l'âge adulte d'oublier, que les adultes oublient qu'ils allaient mourir, parce qu'ils étaient affairés, parce qu'ils s'amusaient, ou parce que... Alors que moi, petite, j'avais l'impression que quand je jouais ou quand je trouvais que quelque chose était beau, quand j'allais pêcher la crevette et qu'on tombait sur des crevettes énormes à cause des grandes marées, c'était toujours doublé de l'idée que c'était si magnifique parce qu'on allait mourir. Là, pour la première fois de ma vie, je me suis dit : être adulte, c'est oublier que chaque geste, chaque mot, est doublé du fait qu'on va mourir.

Sans doute est-ce pour cela que je me sens à ce point chez moi chez Homère : les hommes y sont mortels et ne cessent jamais de le savoir. Leur nom est *phôs*, qu'on traduit par « mortel ». Il vient de *phuô*, « pousser, croître », comme *phusis*, la « nature ». *Phôs*, accentué autrement, veut dire « lumière », sur *phainô*, « briller ». Et cette mortalité lumineuse fait qu'on peut parler, sur *phêmi*, « dire », émettre un souffle qui signifie. Les trois étymologies, pousser comme la nature, briller comme la lumière, donner forme au souffle, se rejoignent dans le beau nom de « mortel », que les dieux immortels, *athnêtoi*, « privés de mort », en viennent à nous envier.

Qu'est-ce qui fait qu'un homme est un homme — en politiquement correct : un être humain ? Il y va du « entre », entre oui et non, entre chien et loup, et du « quand même ». Il vit comme mortel. Il passe même quand il n'y a pas de passage. Ulysse, c'est son cas. Autrement dit, il se démerde, et il se peut que rien ne soit plus noble. Partout, il trouve un passage, *poros*, une voie, un moyen, un truc, alors qu'il est démuni, sans rien, que ça ne passe pas. C'est de l'ordre de la ruse, au sens de l'intelligence du poulpe, de Zeus, du sophiste — invention et dessein, *mêtis* disent les Grecs. Passer là où ça ne passe pas. Il s'expose à la tentation que Lalande, l'auteur du plus canonique des dictionnaires de philosophie, trouvait parfaitement repoussante, celle d'« un savant de grand mérite, et très parisien » qui lui disait : « Moi quand je vois quelque part *Entrée interdite*, c'est par là que je passe » — à mettre pour ce philosophe comme il faut dans le même sac que Caligula, Gorgias ou les Frères du Libre-Esprit[13] !

Avec *pantoporos aporos*, je fais comme Heidegger, je triche peut-être. Ce sont deux adjectifs qui se suivent dans le célèbre chœur de l'*Antigone* de Sophocle, où l'on caractérise l'homme comme la plus redoutable/la plus extraordinaire de toutes les choses redoutables/extraordinaires, pour le meilleur et pour le pire une fois de plus. Les deux adjectifs sont faits sur *poreuein*, « faire passer, conduire », et *poros* le « passage », d'où le port, la porte, les pores de la peau, étymologies cratyliennes trop belles pour ne pas être vraies. Le premier avec *panto-*, sur *pan*, « tout », et le second avec *a-*, l'alpha privatif : passant partout, faisant flèche de tout bois, plein de ressources, d'une part, mais sans moyen de passer, dans l'impraticable, l'embarras, l'aporie, en toute pénurie, d'autre part. Les deux adjectifs sont posés côte à côte et font de l'homme un oxymore, une contradiction active. Cette juxtaposition impossible le caractérise, lui qui est dit un peu plus loin « au-dessus de la cité – sans cité » (*hupsipolis apolis*, une autre paire de manches).

Mais, d'habitude, on met une ponctuation entre les deux adjectifs, on les sépare et on intègre le second dans la phrase qui suit. Du coup, plus de paradoxe ni de contradiction. Quand on lit Sophocle en traduction, de Leconte de Lisle à « La Pléiade », tout est simple pour l'homme : « Ingénieux en tout, il ne manque jamais de prévoyance en ce qui concerne l'avenir », ou « Nul chemin ne lui est fermé, l'avenir s'ouvre à lui » ! Pardon pour cette folie bas de gamme qui préfère toujours lire ce qu'elle attend. Mais il y a une folie haut de gamme, celle de Heidegger (traduit par Gilbert Kahn), où l'homme devient l'être du néant : « Partout en route faisant l'expérience, inexpert sans issue, il arrive au rien[14]. » Si j'osais, je dirais cette fois, en croyant pouvoir le prouver : *it's no greek*, ce n'est pas avec cette négation-là ni ainsi construite que cela se dirait. Pardon, du coup, de donner comme vrai ce qui n'est sans doute qu'une manière de comprendre, ni plus ni moins violente, mais qui me plaît davantage : « Passant partout quand il n'y a pas de passage, à travers rien il va vers ce qui arrive[15]. » En tout cas, en tout cas, c'est follement beau.

J'y crois, que l'homme en général et certains hommes en particulier passent là où il n'y a pas moyen de passer, en jouant le coup d'après, le détour, la ruse, l'amour, le monde comme un tout, l'espace et le temps ensemble, physique quantique à portée de vie. Ulysse aux mille tours, *polutropos*, est l'homme de la situation, la *mêtis* incarnée. J'ai toujours pensé qu'il en allait ainsi d'Étienne, mon mari et le père de mes enfants, par l'éclair de ses yeux verts. C'est dans son ombre ou de son ombre que je vais parler à présent.

Le seul moment où ils ne passent plus, ces hommes-là, c'est la mort. « Il n'arrêtera pas la fuite vers l'Hadès. » C'est cette fuite-là qu'ils ne parviennent pas à déjouer, à « ficher en terre » (c'est le sens exact du verbe) comme Ulysse fiche sa rame dans le sol lorsqu'il est parvenu suffisamment loin de la mer pour qu'un passant voyant la rame lui demande : « Étranger, quelle est cette pelle à grains sur ta brillante épaule ? » Car l'inexpugnable ailleurs, le différent pour de bon, c'est l'au-delà.

Peut-être qu'au fond je pourrais décrire ma manière de prendre la vie en termes homériques : ma propre ruse, *mêtis*, ma manière d'ourdir un passage quand il n'y en a pas, tient à l'idée que la pensée n'est jamais seule. Il y a la langue, et ce qui au plus haut point fait langue, les sons des poèmes, et les sons des voix. Hélène tourne autour de l'embuscade creuse pour appeler chaque guerrier par son nom en prenant la voix de sa femme. Ulysse se joue du Cyclope qu'il vient d'aveugler : mon nom est Personne, *Outis*, mais je suis Ulysse fils de Laërte, et c'est ma ruse, *mêtis*, qui t'a vaincu ! *ou tis*, pas quelqu'un (une négation simple) / *mê tis*, tout sauf quelqu'un (une négation « prohibitive » comme on dit), exactement les mêmes deux syllabes que *mêtis*, la ruse. Voix et signifiant. Il y a des scènes d'Homère qui sont insurpassables, au sens strict, elles existent pour toujours, elles sont à jamais modèles. Il se trouve que c'est parce que je connais Homère : je suis à peu près sûre que si j'avais travaillé le Mahâbhârata, ou si j'avais été capable de lire correctement la Torah, j'aurais trouvé des scènes de ce genre, avec des mots, dans le rapport aux mots au sens des sons, qui me transporteraient comme inégalables.

Une *mêtis* sans les mots

Étienne ne rusait pas avec les mots, il s'en servait peu (il s'en assurait plutôt, en juriste taiseux). Mais il imaginait et fabriquait les machines, *mêkhanai*, les dispositifs, les trucs qui permettent de passer lorsque c'est impossible, comme quand Ulysse et les siens s'agrippent au ventre des brebis pour que le Cyclope aveuglé ne s'aperçoive pas qu'ils s'échappent. Il n'aurait pas fait la bêtise narcissique de se nommer, « C'est moi, Ulysse fils de Laërte », en s'éloignant sur son bateau pour faire bisquer Polyphème, qui le maudit dès lors avec efficace.

Étienne a beaucoup travaillé au Cameroun, entre des ministres à qui il fallait laisser des liasses de billets dans les journaux du salon ou remettre des dossiers chargés au pied des avions ; des laboratoires pharmaceutiques qui n'avaient d'autre exigence que le profit, soutenable si possible (car *sustainable* s'applique d'abord au profit, n'est-ce pas ?) ; un WWF qui manquait de bon sens et ne cessait de se tromper de cible — « Qu'est-ce que vous avez fait à part désensorceler une forêt, et fermer une exploitation et une usine qui faisaient vivre de proche en proche un millier de personnes ? » avais-je, lors du banquet d'adieu, demandé dans un soudain silence au représentant WWF de l'époque. Étienne était coincé de tous les côtés, pourtant les choses se faisaient quand même. C'était quand les choses étaient impossibles qu'elles devenaient réelles. Il avait de la *mêtis*, un sens de la ruse qui lui permettait de passer là où personne ne passait. Entre corruption politique, capitalisme pharmaceutique et diktat écologique, il trouvait le moyen de passer non honteusement, et de fabriquer des produits de première nécessité, antipaludéens et solutés injectables, en même temps qu'un médicament pour la prostate des vieux Blancs. Je l'aidais à ouvrir les possibles en regardant les gens décapsuler une bière : « Pas avec celui-là, hein, pas avec celui-là. » Juger, rationnellement et comme une sorcière, voilà ce qu'il attendait de moi. Il inventait alors pour que ça marche non pas bien, mais au mieux. Ensemble sans doute, nous croyions au « meilleur pour ». Dans l'aporie, là où on ne passe pas, passer quand même. Étienne était, en ce sens, très ulysséen.

Voir avec les yeux du cheval

C'était la même chose à cheval, et ce fut la même chose avec moi. D'où un amour, *sustainable* et résilient, selon les deux vocables porétiques aporétiques, poétiques apoétiques, à cueillir aujourd'hui.

Étienne, quand nous nous sommes rencontrés, venait de créer un club hippique à côté de la maison de mes parents. J'y suis entrée par hasard.

La première chose qu'il m'a apprise, c'est à voir avec les yeux du cheval. Si l'on voit seulement par ses propres yeux de cavalier, d'amateur, on risque gros. Il est préférable d'avoir une double vue. Il faut voir comment le cheval perçoit l'obstacle ici et maintenant, combien de foulées *lui* va voir. Les cavaliers de concours reconnaissent le parcours en faisant des grands pas d'un mètre et comptent intellectuellement le nombre de foulées. Ils réfléchissent à ce qu'ils vont faire, où aller vite, où se rasseoir, comment gagner une seconde. Mais ce n'est pas suffisant : vous devez sentir comme le cheval, s'il est d'accord avec vous, si vous parvenez à vous mettre d'accord avec lui. Ou bien, en effet, il va partir grand, et donc il va falloir que... ah... vous l'accompagniez dans son geste, ou bien s'il faut... on n'y arrivera jamais, mais non, on ne va pas y arriver, bon, on va faire une foulée de plus. Action réaction immédiate, dans l'impulsion. « Reviens *mieux* sur l'obstacle. Tu reviens encore une fois comme ça, tu te tues ou tu tues le cheval. » Il fallait voir et il voyait. Il m'a plus d'une fois sauvé la vie ; ainsi quand dans un concours *in door*, à l'intérieur d'un grand manège, la jument que je montais, une pur-sang nommée Two-Shot, a sauté un rai de lumière que la fenêtre haute projetait sur le sol, elle l'avait pris pour le début de l'obstacle et s'est fracassée dedans. J'ai entendu Étienne hurler du fond du gradin : « Te relève pas ! » et les sabots de la jument vexée me sont passés au ras du crâne. Voir avec les yeux d'un autre sauve aussi la vie. J'ai appris cela à cheval, avec lui.

LE BESOIN D'AUTRE

Parce que Étienne est bon

Trois conditions me sont apparues comme nécessaires en le voyant inventer, y compris dans sa manière d'être avec moi : regarder la situation de haut (envisager le monde dans son entièreté, je ne connais pas de meilleure définition du bon sens), savoir perdre pour jouer le coup d'après (jouer de l'espace-temps) et, par-dessus tout, la troisième, que j'ai apprise de lui alors que par nature je n'en aurais eu personnellement aucune idée : être bon, avoir de la bonté.

Lui-même pour moi était, avant tout, un autre. Un autre à nul autre pareil. De lui à moi et de moi à lui, aucune ressemblance. Pas avec un philosophe, pas avec un universitaire, pas avec un érudit, pas avec un Juif, pas avec une femme, pas avec quelqu'un comme moi ! Jamais je n'aurais supporté de vivre avec quelqu'un comme moi. Meetic et consorts, je l'ai dit, font les choses à l'envers : ils organisent les rencontres du même ; pour apparier, on coche les goûts, musique classique ou jazz, plats épicés ou cuisine normande, niveau d'études, plutôt la mer ou la montagne ? Étienne était parmi les hommes qui m'entouraient celui avec lequel je ne partageais visiblement rien. Pas la culture en tout cas, si bien que nous avions tout à apprendre l'un de l'autre en matière de négligence et de sauvagerie. J'ai toujours été émerveillée par cette phrase d'Arendt (je l'avais mise en exergue, au moins dans ma tête, de ce que j'avais écrit pour le numéro blanc de la *Revue de poésie* de Deguy, pour 68) : « Ce peut être aussi utile, aussi légitime de regarder un tableau en vue de parfaire sa connaissance d'une période donnée, qu'il est utile et légitime d'utiliser une peinture pour boucher un trou dans un mur[16]. »

Un jour, lors d'une vraie conversation, le frère aîné d'Étienne, qui tirait les sonnettes et s'enfuyait en laissant son petit frère devant la porte, dominicain, défroqué, marié à une urbaniste, divorcé, psychanalyste, photographe amateur, intellectuel en somme, m'a demandé pourquoi j'étais avec Étienne. Ma réponse est sortie toute seule : « Mais, François, parce qu'Étienne est bon. » C'était pour moi sa manière la plus magique d'être un autre. La bonté est quelque chose qui, au départ, m'est complètement étranger. Être « bonne », cela ne me vient pas naturellement. Je vois au premier clin d'œil le mauvais côté des gens. Ce n'est pas que je sois méchante, c'est que je ne suis pas bonne. Quand Étienne m'a épousée, très tard, j'étais enceinte largement, nous n'étions pas pressés. Mais comme il était divorcé avec deux enfants, ma mère s'inquiétait. Mon père, qui nous aimait, lui a dit pour le convaincre : « Écoute, Barbara est méchante (il allait plus loin que moi), mais tu pourras toujours divorcer. » C'est ainsi que nous nous sommes mariés. Parce qu'il était complètement autre, jusque dans sa bonté. Son histoire était autre, sa famille était autre, nous n'avions pas la même culture. Je pourrais dire aussi qu'il avait, contrairement à moi, le sens de l'orientation, que la ruse ne l'empêchait pas de faire face comme un lion, qu'il négligeait le négligeable, et que tout ce qui n'était pas lui et pas comme lui, il pouvait y être attentif et l'aimer.

Par exemple : je préparais l'agrégation, il y avait Hegel au programme. Étienne avait été contraint de quitter le club hippique qu'il avait fondé et où il était heureux. Fils de notaire programmé pour reprendre la charge de son père puisque l'aîné était entré dans les ordres, il avait été clerc longtemps ; moi, je lisais de Hegel les *Principes de la philosophie du droit*, et je me suis mise à lui en lire un bout à haute voix. Il m'a pris le livre des mains, il l'a gardé, et m'a dit : « Pourquoi ne nous a-t-on jamais fait lire ça ? C'est ce dont nous avons besoin pour comprendre ! » Il y avait tout sur la famille, avec le pourquoi du comment, à mettre en rapport avec l'étriqué du droit notarial tel qu'on le lui enseignait, et peut-être même de la famille telle qu'il la connaissait, de sa famille. À sa mort, au moment de la levée du corps chez nous, devant tous nos amis, ses deux filles et nos deux garçons, j'ai lu ce texte : « Dans les enfants, l'unité du mariage, qui en tant que substantielle est intériorité et sentiment, mais, en tant qu'existence, est séparée en deux sujets, devient aussi une existence pour soi et un objet en tant qu'unité. Les parents aiment les enfants comme leur amour, comme leur être substantiel[17]. »

« Interdit aux enfants »

Quand j'ai rencontré Étienne, il venait de changer de vie, il avait fondé un club hippique, déserté le notariat, n'habitait plus avec sa femme et ses enfants. Pour pouvoir partir avec lui, même quelques jours en vacances, j'avais besoin d'être sûre que je ne l'empêchais pas de s'occuper de ses filles. Les choses étaient compliquées avec la plus petite, née mal voyante. Mais l'aînée, Sophie, six-sept ans à l'époque, était en cure pour soigner son eczéma. Nous sommes allés la voir. Le soleil était censé guérir les gamins. Au coup de sifflet, ils se retournaient pour exposer l'autre côté. C'était le soin majeur. Nous avons eu la permission de la faire sortir pour dîner. Nous l'avons emmenée au casino. Au casino ? On joue. « Viens, on va aller voir ce que c'est, une table de jeu. » Devant la salle, il y avait : « Interdit aux enfants ». Mais les chiens étaient autorisés. Alors toutes les deux nous nous sommes mises à quatre pattes et nous sommes entrées en aboyant doucement.

Moi qui ai toujours eu des chats, j'ai eu un chien, le chien de Jane Fonda. Quand Jane a quitté Vadim, on nous a demandé d'accueillir au club hippique le poney de la fille de Jane, dont personne ne savait plus que faire. Un petit poney pur jus, un entier magnifique, que nous avons donc appelé Vadim. On l'a mis dans le camion, et j'ai pénétré dans la salle pour parler à la femme de charge. Un mainate, en me voyant, a dit : « Ah, Jane ! Voilà Jane ! » Trop fière... Et puis un petit caniche noir a apporté un caillou et l'a posé à mes pieds. La femme m'a dit : « Il ne mange plus depuis que Jane est partie. Il va mourir. Prenez-le ! » Nous avons embarqué le chien, que j'ai appelé « Tiful », parce que *beautiful*. Il est mort dix ans plus tard, en état d'épectase comme un vieux cardinal. J'étais professeur à l'époque, et Sophie m'a demandé : « Comment tu fais pour l'emmener en classe ?
— Facile, ai-je répondu, il est pliant, il a les pattes rentrantes. » Elle l'a cru, et moi je n'ai pas cru qu'elle le croyait.

Nous avons eu une première maison avec Étienne, Nandy, cette petite maison de garde forestier, que nous avons transformée pour accueillir des chevaux de propriétaires, avec des boxes et une carrière. Je vois encore Sophie sur les marches de l'entrée, avec un devoir de français à faire, découragée. En essayant de comprendre pourquoi ça lui paraissait à ce point hors d'atteinte, je m'aperçois qu'elle ne possédait pas les éléments qui lui auraient permis de comprendre : la différence entre analyse grammaticale et analyse logique, entre organisation des mots à l'intérieur d'une phrase et organisation des phrases entre elles. Analyser, ça ne voulait rien dire. Avec un plaisir dont je me souviens encore, j'ai commencé à expliquer comment on reconnaissait un sujet, un verbe, un attribut, un complément, et quelles questions il fallait poser. J'ai repris, peut-être en une demi-heure, les bases de la grammaire. Mais je me souviens très bien de ce que je lui ai dit, comme complément ou condition nécessaire de cette mise en place : « Tu sais, ton père et ta mère ne vivent plus ensemble, mais la preuve qu'ils se sont aimés, c'est toi. Tu es la preuve qu'ils se sont aimés. » J'ai toujours cru qu'il fallait une phrase de ce genre pour comprendre la grammaire. Je ne sais pas si elle s'en souvient elle aussi. Évidemment, la langue est liée à l'amour. La langue maternelle, une langue entre autres langues, est maternelle entre autres qualités. Pour pouvoir parler et comprendre quelque chose à ce qui se passe, c'est tellement plus facile de savoir qu'on est le fruit d'un amour. Le travail avec les adolescents psychotiques est un miroir grossissant ; je sais que je n'ai pas assez réfléchi à ce qui fait, par exemple, que mes propres fils ont eu une orthographe-catastrophe, jusqu'au moment – quel moment, différent pour chacun ? – où elle est devenue « normale ».

« Ne dis pas de bêtises, elle est si gentille ! »

Étienne comme autre, donc.

La famille d'Étienne était hypercatholique, avec évêque dans la famille, le frère aîné était prêtre, la sœur aînée bonne sœur, même si défroqués tous deux, le père était notaire à Chartres, président de la chambre des notaires, cinq enfants : la France profonde pleine de blé dans tous les sens du terme. Lyotard m'a dit un jour lors d'un colloque autour de Derrida à Cerisy : « Toi, tu t'occupes des Grecs pour ne pas t'occuper des Juifs. » J'ai été scandalisée, mais en écrivant ce livre, voilà qu'être juif revient sous plus d'une forme qui m'étonne moi-même, comme si l'âge ou l'époque y étaient pour quelque chose, ou plutôt comme si j'y étais contrainte par cela que j'écris.

Étienne était revenu d'Afrique avec une vilaine plaie à la jambe, qui ne guérissait pas, dangereuse, gangrenable. On l'avait hospitalisé à Saint-Antoine. Ma sœur, médecin, était venue lui apporter à manger (Jacques Caroli disait de la cuisine dans son service de gastro-entérologie : « Moi, je les soigne, et vous, vous les tuez »). Nelly est brune de peau, un beau visage sous un casque de cheveux noirs, pas loin du Fayoum. Ma belle-mère arrive et ma sœur s'en va. La mère demande à son fils : « Qui est cette femme, si typée ? » Étienne répond : « Mais Maman, c'est Nelly, la sœur de Barbara. Barbara, elle est juive. — Mon petit garçon, ne dis pas de bêtises ! Elle est si gentille ! » D'une évidence inoubliable. Étienne m'a toujours dit que j'étais folle de m'étonner. De fait, sa mère avait une sœur, religieuse aussi, âgée et retirée dans un couvent. Elle avait exprimé à Étienne le souhait de voir ses neveux. Il n'en avait guère envie et j'ai proposé de les accompagner : « Non, non, je ne te conseille pas. » De fait, quand il en a parlé, tante Antoinette lui a dit : « Pas de Juive. » Je ne savais pas, je ne veux toujours pas savoir, qu'il existe en France profonde un antisémitisme naturel, viscéral, prêt à vibrer n'importe quand, comme en latence.

Il m'est revenu en pleine face à la mort d'Étienne. Étienne est enterré en Corse comme il le souhaitait, dans la montagne sur une terrasse devant la mer au-dessus de notre maison. Son frère ne se décidait pas à venir. Je l'ai appelé en lui proposant de lui envoyer un billet, parce qu'il était un peu juste financièrement. Mais il a persévéré dans son refus. Ce que je vais dire à présent est ce que j'ai retenu, qui m'a tant blessée que c'est peut-être faux, ou alors trop vrai. « Je n'irai pas – m'a-t-il répondu – parce que Véronique (leur sœur, notre voisine à Paris, de l'autre côté du petit jardin, on l'entend parler au téléphone) m'a dit comment tu t'étais comportée avec Étienne. — Comment me suis-je comportée avec Étienne ? — C'est bien simple : tu n'as jamais voulu que quelqu'un le garde, parce que tu es avare. Tu es impudique : tu l'as laissé pisser devant ses enfants (oui, lié au cancer du cerveau, dans une casserole tendue par son fils et en riant d'émotion tous ensemble). Mais c'est vrai, tu es très cultivée. — François, tu te rends compte de ce que tu es en train de dire ? Je suis avare, je suis impudique, mais je suis cultivée. » Le tableau du Juif par un antisémite. Il m'a raccroché au nez.

Je n'ai pas lu la Torah, il est peut-être encore temps que j'apprenne l'hébreu, l'arabe, le chinois. Mais je crois que la seule manière dont je sache, au fond de moi, que je suis juive, c'est en ceci que, tout compte fait, je n'ai été amoureuse que d'autres et que donc, parmi ces autres, il n'y avait pas de juif.

Un autre entre autres

J'ai épousé un homme qui était vraiment un autre. Mais des autres, il y en a encore plus que des mêmes. J'avais bien conscience que c'était un autre *entre autres*. Précisément pas « l'Autre » au superlatif, le plus autre des autres, qui serait de nouveau l'unique, le seul, le mono- qui ferait un couple comme l'avaient fait mes parents.

La sensation du hasard a toujours été présente. Choisir le hasard, il y a un mot grec pour dire cela : *kairos*, quand ça tombe juste et qu'on saisit l'occasion par les cheveux avant qu'elle ne s'envole (le dieu Kairos est un beau jeune homme un peu punk, avec une longue mèche de cheveux devant, mais rasé ou chauve par-derrière, et des ailes aux pieds). Bref, j'ai téléphoné un jour à Étienne alors qu'il était en Afrique : « Je voudrais un enfant. J'arrive. » Nous avons fait un enfant, Victor. C'était à Victoria, une plage du Cameroun, qui s'appelle aujourd'hui Limbé, à l'*Atlantic Beach*, un hôtel à la Duras, désuet et démantibulé mais portant beau, avec un grand palmier agité par le vent devant la fenêtre. Victor, c'était aussi mon grand-père, on ne sait jamais.

Il y allait d'un possible entre autres : un bon possible que l'on pouvait choisir. Mais ce n'était pas le seul à pouvoir devenir réel et il n'avait rien de nécessaire, il n'y avait aucune confusion entre les modalités, aucun destin donc.

J'ai écrit un drôle de livre après la mort d'Étienne et pour mes enfants. C'était un livre d'hommage, et c'est aujourd'hui que je comprends en quoi exactement. *Avec le plus petit et le plus inapparent des corps* décrit une ligne de vie à partir de ses croisements, précisément le contraire d'un destin. Le titre est une phrase de Gorgias, *la* grande phrase de l'*Éloge d'Hélène* qui dit le pouvoir du langage et comment il construit le réel : « Le *logos* est un grand maître qui, avec le plus petit et le plus inapparent des corps, parachève (performe, produit) les actes les plus divins. » Elle s'est appliquée pour moi autant à la psychanalyse et à mon expérience avec les psychotiques qu'à la Commission Vérité et Réconciliation et l'élaboration du peuple arc-en-ciel, et à la traduction comme mise en rapport des mondes de langues non moins qu'à ma vie, construite autour de phrases, de mots, de silences.

Quand on regarde dans le creux de sa propre main, il y a trois lignes profondes et puis des traits, des biefs, des écluses, partout, qui les coupent et les suturent. Je n'interprète ni ne crois que, ah, c'est la maladie, ou voilà la mort, ou voilà un accident et l'entrave à un amour. Je regarde, c'est tout, et je constate que chaque ligne est faite de croisements. Ce sont des possibles qui la constituent. De même, je ne sais pas dessiner un trait droit, un trait unique, je dessine barbu et mes lignes sont touffues. Dans ce livre d'hommage et de deuil, j'ai tracé ma ligne de vie à partir de lignes d'amours, de « à... », à commencer par « à mon père et à ma mère » et « à ma mère et à mon père ». Je l'ai fait pour nos fils, avec en couverture un portrait que j'avais peint d'eux (j'aurais voulu inscrire au dos en guise de crédit photographique, un : « Du même auteur » mais je n'ai pas osé). Je le leur ai dédié : c'était une manière de leur donner de la liberté. Je voulais leur signifier que l'amour absolu qu'on peut avoir pour quelqu'un, leur père en l'occurrence, n'est jamais absolu, qu'il n'est absolu que parce qu'il est fait de brins, d'embranchements et de possibles. Que c'est ainsi que se dessine une vérité, pas par une ligne droite ni par un choix unique. Elle se dessine par bouts et par approximations, par approches, voilà, par rapprochements. Au lieu de converger, c'est ouvert.

« Là, tu t'arrêtes »

Je représentais pour Étienne l'ouverture à d'autres possibles, et lui, en retour, il m'obligeait à... Il m'obligeait à quoi ? Probablement : à m'arrêter. Nous avons fait ensemble des voyages, nous sommes arrêtés à des enfants et des maisons.

Notre grand premier voyage fut de parcourir une bonne part de l'Amérique du Sud. Je voulais voir le Chili, la *Ville Ouverte*. C'était l'année du grand tremblement de terre au Pérou, 1972, juste avant la fin d'Allende et la grève des camionneurs. J'avais gagné l'argent du voyage en faisant une exposition de peintures. Des portraits de chevaux, ils sortaient la tête de leur box pour me regarder les peindre et je faisais leur portrait comme si c'étaient des humains. Chaque propriétaire m'a acheté le tableau de son cheval tel qu'en lui-même.

J'étais arrivée seule à Lima, et je me suis assise au fond d'un restaurant qui ressemblait à un hall tout en longueur, à côté de l'aéroport, étonnée que le métro passe sous ma table. Le serveur m'a apporté mon plat et m'a saluée très bas : « Vous êtes très courageuse, mademoiselle. » C'était une réplique du grand tremblement de terre, les secousses d'après la secousse meurtrière de Pampa Salinas[18]. Je suis descendue à Santiago rencontrer mes amis de la *Ville Ouverte*, par ce train qui n'existe plus, l'autre du Transsibérien, qui longeait la cordillère des Andes entre océan bleu et montagnes blanches. Immergée jour après jour dans la géologie du continent, je goûtais sur l'impériale, par le nez la peau la bouche, les transformations de la poussière du désert, jaune de soufre, rouge de fer. Nous longions parfois de minuscules villages à trois cabanes d'où sortaient au petit matin des enfants étagés comme les Dalton, puis des chèvres, avec une dernière cahute pour les toilettes qui lançait au train son odeur ahurissante. Je devais retrouver Étienne deux semaines plus tard au bord du lac Titicaca, mais je suis allée le chercher à son avion. Avez-vous déjà fait l'amour dehors, couchés sur le sol, quand la terre tremble ?

Lui avait le sens de l'orientation, pas moi, vraiment pas moi. Quand je sais que je vais devoir retrouver mon chemin, j'accumule les notes mentales, un petit pan de mur jaune, une boucherie au coin, trois cailloux, des coquelicots. Est-ce sûr ? Mon corps me dirait que c'est de l'autre côté et, après tout, je ne me trompe pas toujours. Les enfants m'appellent Rantanplan depuis que j'ai essayé de nous faire sortir d'une forêt corse : Descartes recommande d'aller toujours tout droit quand on est perdu, encore faut-il que ce soit possible entre maquis et à-pics. Sens de l'orientation et bon sens vont ensemble, ligués contre moi pauvre femme dépourvue. Si je laisse libre cours à moi-même, j'essaie toutes les mauvaises routes pour avoir la certitude de prendre la bonne. Sauf si c'est une question de vie ou de mort, je me fais confiance pour la choisir – mais cela ne m'est encore jamais arrivé.

Étienne m'obligeait à m'arrêter. Même avec mon sac à dos trop lourd, seule, j'aurais parcouru les auberges et épuisé les solutions. Comment choisir l'un des possibles pour en faire un réel sans procéder à l'exhaustion des cas ? J'agirais volontiers de même concernant les hommes : il faut qu'il y ait une raison, que l'on peut rendre, pour qu'il en soit ainsi plutôt qu'autrement. Depuis toujours, je suis subjuguée par le principe de raison de Leibniz, le plus violent de tous les principes vitaux parce que le plus quotidien : il vaut pour chaque instant, chaque pensée, chaque action – même si cette raison le plus souvent ne peut être rendue, elle existe, Freud en sait un tout petit bout.

Pourquoi Étienne ? Parce qu'il est bon ? Parce qu'il a le sens de l'orientation ? Pourquoi pas ? Eh bien, passer du « pourquoi pas » à « c'est le cas » est un pas que je n'aurais jamais franchi toute seule. C'est un pas qu'Étienne me faisait faire à chaque instant. *Anagkhê stênai*, « il faut s'arrêter » : ainsi Aristote trouvait-il dieu. On s'arrête à dieu, stop, c'est le premier moteur immobile, stop. Cet homme était en quelque sorte dieu pour moi, en cela qu'il m'obligeait à m'arrêter. L'ouverture des possibles, ma folie propre, ne fonctionne que s'il y a quelqu'un pour vous dire : « Là, tu t'arrêtes. » C'est Protagoras et l'histoire du meilleur pour, pour s'arrêter. Ce n'est pas que tout se vaut, non : il y a un meilleur pour, ici, maintenant, on s'arrête là, tac. Étienne-Ulysse était plus protagoréen que moi.

Il faut que tu me racontes le monde

Ceux que j'ai aimés m'ont toujours raconté le monde. Ils me racontent non seulement ce que nous avons vécu, ce que nous vivons, notre propre histoire, mais ils me racontent aussi le dehors. Il faut un autre pour me dire le monde comme je ne le vois pas. Aujourd'hui encore, l'homme dont je suis proche peut m'appeler pour me dire que Notre-Dame brûle parce qu'il imagine que je peux ne pas le savoir, et il a raison. C'est pour moi l'une des tâches essentielles de l'homme avec qui je vis, aussi requise que changer les ampoules.

J'ai agi grâce à, pendant très longtemps. Sans doute parce que Étienne est mort et ne me sert plus, ne me serre plus, ne me sert plus à serrer le monde, m'y suis-je mise moi-même d'un peu plus près. J'ai travaillé en prise au quotidien sur ce que je pouvais faire bouger de manière moins vaporeuse. Peut-être est-ce cela, vieillir.

À ÉTIENNE, SANS LEQUEL

Hospitalité corse

Nous avons donc fait ensemble des voyages et des maisons. Là aussi *pantoporos aporos*, passant là où ça ne passe pas, innocemment sans moyens.

Nandy, la rue Mouffetard, Pino, des lieux inventés, aussi improbables que le *Dictionnaire des intraduisibles*, donc des lieux pour inventer.

La maison corse ? Ah, c'est comme un bateau. Elle est sur l'eau et c'est un lieu immergé dans le cosmos, d'où l'on voit le monde, le monde ouvert. Il n'y a pas de maison à l'horizon, une au loin sur la droite, seulement la mer et rien que la ligne d'horizon, les lumières changent, le soleil se couche, la mer change elle aussi. La mer aux entrailles de raisin quand elle se déchaîne avec le fracas des vagues au-dessus des rochers vous atteint d'écume et de sel. C'est le cap, violent, sauvage, sauf quand il choisit son aspect d'éternité, calme dans la lumière de Dieu, ces rayons qui construisent le ciel du soir sur les tableaux de Poussin. Nous avons trouvé un point d'attache, un lieu d'une beauté à couper le souffle, pour convenir aux enfants que nous avions. Mon mari n'est pas corse, ni moi. Nous connaissions la Corse pour avoir dormi sur ses plages. Quand nous avons dû quitter Nandy, maison et chevaux enserrés dans une ville nouvelle trop hostile, nous avons cherché tout autre chose. Une maison de vigneron proposée dans *La Centrale du particulier* s'étant révélée écroulée, lagunaire et pleine de moustiques, j'ai pénétré dans une agence immobilière, la seule d'ailleurs, dans la grande rue de Bastia. À l'homme qui me recevait, j'ai avoué que je voulais une chose impossible : une maison sur la mer, et que nous n'avions pas d'argent – « Impossible, mais laissez-moi votre nom — Cassin », j'aurais pu, j'aurais même dû, mariée, en Corse, dire « Legendre ». Il m'a répondu : « Vous connaissez cet homme ? » en indiquant au-dessus de lui une grande photographie de René Cassin. « C'était mon grand-oncle. — Il m'a sauvé la vie, je vais vous trouver quelque chose. » M. Martelli, à qui manquait un bras, était le président des Anciens Combattants de Corse. Il nous a proposé d'aller visiter une demeure sinistrée dans le cap, et de revenir si elle nous plaisait.

On l'a vue d'abord d'en haut. Tout était improbable. Le sinueux de la route, une piste plutôt ; la beauté du lieu : un choc dans la poitrine. Plus de maison, plastiquée le soir où son propriétaire, ambassadeur de France époux d'une Corse d'Ajaccio, était parti à la retraite, trois ans de cela. Grâce à l'amitié de Martelli, tout est devenu possible, un prix de vente qui tenait compte de l'indemnisation reçue, et l'assurance que, si ceux qui auraient pu dire non disaient oui, nous pouvions nous y installer. Nous avons été reçus avec une vraie bienveillance, il y a quarante ans de cela. Au bout du bout du village. Personne l'hiver n'habitait cette marine, sauf un vieux pêcheur, un ancien qui savait tout des passes et des filets, d'abord avec sa mère et sa sœur, puis seulement ses deux chiens. Un poulet pour eux, une boîte de sardines et un pain pour lui, avec une bouteille de pastis, chaque jour. Dès que nous avons eu un congélateur, il y avait quand nous arrivions une langouste pour nous et une plus petite pour les enfants. J'ai appris ce que c'était qu'un village, un peu en tout cas, sur le bord externe. Quand je dis que je suis chez moi en Corse, ce n'est pas que j'y aie des racines ou que je sois en pays conquis : nous y sommes accueillis, et c'est inoubliable.

Accueillis au point qu'Étienne y est enterré. Comme c'est possible en Corse quand il n'y a plus de place au cimetière. Lorsqu'il est mort, la tombe n'était pas finie, et deux personnes du village m'ont proposé de recevoir le cercueil dans leur tombeau de famille – « L'hospitalité corse, c'est cela aussi. »

Ce lieu nous appartient moins que nous ne lui appartenons.

« Je continuerais à jouer à la balle au chasseur »

C'est compliqué de parler de la mort de quelqu'un qu'on aimait, qu'on aime, avec qui l'on a vécu. Non pas philosophiquement : la mort, c'est un bon sujet de bac. Si l'on vous disait que vous alliez mourir dans une heure, que feriez-vous ? demandait son précepteur à Louis de Gonzague, « saint » Louis de Gonzague. L'enfant répondit : « Je continuerais à jouer à la balle au chasseur. » C'était dans mon premier manuel de philosophie. Cette phrase m'enchante encore.

Mais l'être pour la mort, libre sur le trône comme dans les fers, et même le magnifique « On ne sait pas ce que peut un corps » de Spinoza, la sagesse de ces phrases-là m'écœure d'avance. J'ai sans doute besoin de sauvagerie. Comme les Inuits qui disent à l'explorateur s'étonnant de les voir se laver nus sur la banquise : « Toute notre peau est comme un visage. »

Avec cette mort, j'ai appris ce qui fait tenir. À résumer : qu'est-ce qui donne de la joie ?

J'ai vécu avec Étienne depuis plus ou moins mes vingt ans jusqu'à sa mort, j'en avais peut-être soixante, je pourrais calculer mais c'est avec bonheur que je ne sais toujours pas. Une mort très dure puisqu'il a eu un cancer du cerveau (une tumeur, Samuel encore petit a entendu « tu meurs »). À présent que j'écris, il y a quelque chose que je ne comprends plus. J'ai l'impression d'avoir déjà parlé de cette mort, d'en avoir tout dit. D'en avoir peut-être même fait argument en vue d'un réel militant, à partir du concret d'une hospitalisation à domicile, pour décrire avec rigueur dans son meilleur et dans son pire une fin de vie dans la France de chez nous, bien normée. Mais j'ai dû rêver. J'ai dû me parler seulement à moi-même, dans le vécu du sommeil. Comment puis-je me souvenir d'avoir tout expliqué si, pour une fois, je n'ai rien écrit ?

À qui aurais-je donc parlé, sinon à moi, de la manière dont on découvre une maladie de ce genre ? On tirait les rois à la maison, pour le plaisir de se retrouver tous. Au moment de dire au revoir à sa fille, le voilà qui s'avance bras tendus pour l'embrasser, et passe à côté. Peut-être que personne ne l'a vu, sauf moi. La veille, il s'était étendu au milieu de la journée, au retour d'un rendez-vous chez un avocat où il avait accompagné notre ami Michaël Levinas. J'ai trouvé qu'il dormait mal, trop profond, comme tombé au fond de lui-même. J'ai fait venir une copine médecin, qui a jugé que je me faisais des idées. Je l'ai emmené chez notre médecin traitant, qui a esquissé la possibilité d'un petit ictus inaperçu lors de son dernier voyage en Afrique et n'a prescrit aucun examen. J'ai téléphoné à une amie venue d'Argentine car j'avais confiance dans son coup d'œil, mais elle repartait. Elle a passé l'appareil à la femme chez qui elle habitait, médecin, psychiatre et psychanalyste, pour démêler mes anxiétés. Françoise Gorog m'a écoutée et m'a dit : « J'arrive. » Elle m'écoute depuis cette première fois chaque fois que je me trouble et m'arrête. Quelques mots d'elle suffisent le plus souvent.

Je nous revois place de la Contrescarpe, Étienne et moi, face à elle descendue de sa voiture. Elle nous a accompagnés à Sainte-Anne où elle dirigeait un service. Elle nous y a laissés pour faire des examens car elle devait attraper son train pour descendre en Provence. Une IRM. Le médecin revient. Il me dit : « Madame, asseyez-vous. » J'ai su. J'ai demandé tout bas : « c'est grave ? » Il m'a répondu : « non, c'est très grave. » Il voulait qu'Étienne soit hospitalisé à l'instant.

Je l'ai prié de nous laisser rentrer ensemble, dîner avec les enfants, passer cette nuit tous les deux. De retour le lendemain matin à la première heure. Tout s'enclenche. Entre système et amitié. C'est vrai que l'hôpital en France est magnifique, j'espère ne pas avoir à dire « était ».

Beaucoup savent ce qu'est « une longue maladie ». Une opération, des rayons, une chimiothérapie, une rémission. Mais dès le début, avec un glioblastome neuronal, la certitude de la mort. Pas de seconde opération, des paliers de défaite, une hospitalisation à domicile, des inventions de vie à chaque étape. C'est de ces inventions que je veux parler. Je veux parler du bonheur, de sa dent douce à la mort. Si quelque chose tient du rapport entre philosophie et poésie, c'est là.

« Non ! »

Nous étions incroyablement heureux, alors qu'il était mourant. C'est fou. Mais ce n'est pas fou du tout : cela tient à la perception du temps et à la perception de ce que c'est, un autre. Le temps non moins que l'autre sont proches et lointains, à distance élastique. À la fin, pendant toutes ces nuits de printemps, à l'orée du matin, le merle chantait. Très tôt, très fort, avec des prouesses quotidiennes de variations, de répétitions et de tempos. Je sais à présent, grâce à Vinciane Despret, que le merle chante comme un chien pisse sur son territoire, aux quatre coins, et qu'il répond, chantant oui ou non, à celui qui chantant demande à y pénétrer. Un merle vit encore ce printemps des deux côtés de ma chambre, entre le lierre du jardin pour faire son nid, et la cour de l'autre rue, en haut d'un arbre planté deux étages plus bas à cause de la dénivelée de la montagne Sainte-Geneviève. Un merle, à cinq heure trente du matin, ça s'écoute attentivement. On suit les desseins-dessins du chant, on se rendort parfois avant la fin. C'est net et vibrant, tendre comme la mort elle-même. Chaque chant est à la fois un chant de découverte et un chant d'anniversaire. Car chaque printemps est anniversaire de tous les printemps d'éclosion et de hâte, anniversaire aussi du premier printemps que soi-même on ne verra plus. Tous les 31 mai, je suis saisie, tantôt par le souvenir daté de cette mort, tantôt, au même creux de l'estomac, comme un coup de poing endogène et inattendu, venu du corps seul, par le souvenir que je n'ai plus : l'oubli du souvenir.

 J'ai compris qu'il allait mourir, nous avons tous compris, lui aussi, qu'il allait mourir. Une autobiographie philosophique peut bien être un chant d'amour. Il nous restait du temps avant la disparition. C'est un temps qu'il a voulu passer à la maison, j'avais transformé le rez-de-chaussée, lit, fleurs, musique, tentures, lumières, odeurs de vraie cuisine et d'épices, du beau alentour, partout. Les enfants étaient là. Samuel un peu moins parce qu'il était au lycée agricole et revenait en fin de semaine. Il n'avait pas seize ans. Je me souviens de lui, profil perdu tourné vers le dehors, ils se tenaient la main ; Étienne le regardait, c'est la seule fois où j'ai vu des larmes dans ses yeux, il pensait qu'il ne saurait donc jamais à quoi cet enfant allait ressembler dans la vie. Même cette tristesse sans fond était doublée de bonheur. Tout était d'un prix sans pareil. Lorsque, comme pour récompenser une très longue hospitalisation à domicile, une place s'est débloquée dans le meilleur hôpital de soins palliatifs, avec chambre attenante à la sienne sur le jardin, je me suis placée debout bien en face de lui et je lui ai expliqué comme on m'avait expliqué, que je serais là mais qu'il serait mieux soigné. Lui qui ne parlait plus depuis des mois s'est redressé sur son lit et a proféré très fort, très distinctement : « Non ! » C'était clair, et il s'est passé des choses avec ce « Non ». J'ai compris que nous avions, en somme, le droit d'être heureux.

Je pourrais raconter des douceurs et des plaisirs du jour après jour. Quand l'infirmière corse arrivait en saluant : « Bonjour Pino, c'est Piana ! » Quand les enfants et moi avons cru qu'il ne trouverait plus sa respiration, que c'était fini, mais que quelque chose comme un massage cardiaque improvisé l'a fait revenir à la vie, et que j'ai dit aux enfants : « Qu'est-ce que vous attendez ? Allez donc vous chercher des glaces ! » Le cours naturel des secondes est là doublé d'éternité. Vivre autour de lui, c'était vivre avec lui. Faire à manger, c'était manger avec lui. Un jour, alors qu'il n'était plus alimenté que par un goutte-à-goutte, je mordais dans une pizza à côté de son lit et j'ai vu son nez s'agiter. J'ai téléphoné aux soignants : « Il a faim ! » Ils m'ont répondu : « Faites comme vous voulez. » Je lui ai donné de la pizza, qu'il a mangée. Alors, un temps, je l'ai nourri de framboises. Puis il a fait un geste dur pour les renvoyer, je lui ai dit en larmes : « Quand je te donne des framboises, ça veut dire que je t'aime » et bien sûr il a compris. L'une de mes plus chères amies, Josée Lapeyrère, « La Louve », poète, médecin, psychanalyste, notre témoin de mariage en même temps que Wismann, savait, mais pas moi, qu'elle était atteinte d'un cancer mortel. Elle passait à la maison et disait : « Comme c'est bien ! Comme je suis heureuse de voir Étienne comme ça ! Et comme je suis heureuse de voir cette maison comme ça ! » Quelques jours avant la mort d'Étienne, elle avait fait avec sa fille un spectacle à La Vieille Grille, une sorte de cabaret à côté de chez nous, et elle voulait, voulait que j'y aille. Je ne quittais pas Étienne. Elle me l'a tant demandé que j'ai cru devoir y aller. Face au lit, habillée, maquillée, j'ai expliqué à Étienne où j'allais. Il m'a regardée avec ses yeux verts d'homme présent, et j'ai lu : « Te voilà bien belle. Comment oses-tu ? » J'ai ri parce que je savais qu'il riait, et je suis partie à La Vieille Grille. Quand Josée a été elle-même alitée et grabataire, elle m'a dit : « Tu comprends maintenant pourquoi j'étais si heureuse de voir que c'est comme ça que ça peut se passer. » Tout se passait dans un flux d'énergie sans mesure. On ne sait pas où se situait cette énergie, les enfants étaient pris dans cette énergie, nous étions tous pris dans cette énergie. Je ne sais si c'est lui qui la donnait, ou le rapport entre nous tous, c'était d'une force indestructible.

Pendant tous ces mois, j'ai eu l'impression d'être moi-même portée... je ne sais comment dire... la seule image qui m'est venue, c'était quand nous étions ensemble à Bali, il y avait deux petites danseuses, cinq-six ans peut-être, qui dansaient en parfaite synchronie. Extraordinaire à voir. Elles étaient sublimes de beauté et elles dansaient ensemble à l'instant près. Et puis l'une s'est mise à ralentir, un décalage progressif. Son père est arrivé, elle était toute petite, il l'a posée sur la paume de sa grande main, je la vois sur sa paume, cette enfant, et il l'a rechargée, il lui a transmis son flux, sa vigueur, puis il l'a reposée à terre à côté de l'autre et, quand elle a touché terre, elle s'est remise à danser synchrone à l'instant même. Incroyablement humaine, et pour autant magique, était la force qu'ils partageaient. J'ai eu l'impression, pendant toute la maladie d'Étienne, d'être portée sur une main, qui était peut-être la sienne. C'était sa force, ou notre force ensemble, la force de quelque chose, la force de quelqu'un, une force nous tenait sur un pavois, sur une main, et pendant très longtemps après sa mort, plusieurs mois, un an peut-être, j'ai continué à être portée ainsi. J'ai mis très longtemps à me sentir reposée par terre, en deuil pour de bon.

Avoir deux pieds

Pendant toute la maladie d'Étienne, j'ai tenu bon parce que j'avais deux pieds. Ma présence entière à lui, de corps et d'esprit, transpercée de vie et de mémoire. Et le *Dictionnaire des intraduisibles*, une tâche intellectuelle, entière elle aussi, résistante et permettant de résister.

Deux pieds. Un pied dans la mort et l'autre dans la contrainte du travail. La mort comme le travail étaient profonds. À eux deux, vécus ensemble, ils produisaient la liberté. La merveilleuse contrainte du *Dictionnaire des intraduisibles* ourlait mes journées et les empêchait de sombrer dans le puits de la mort. Je le fabriquais en veillant jour après jour, je ne cessais pas de travailler en regardant Étienne. La respiration sourcilleuse qui me permettait de vivre au quotidien, de faire à manger d'abord à lui, puis hélas seulement aux enfants, de recevoir les visiteurs, d'arranger les fleurs, de mettre de la musique, et bien sûr de le laver, le changer ou veiller au goutte-à-goutte, c'était que je pouvais penser. La pensée était tendre et les gestes intelligibles. Tout s'offrait. Quant au *Dictionnaire*, à lui seul, il vibrait de liberté. Ce qu'il avait de si riche et qui convenait si bien à la temporalité insistante et incertaine qui était la nôtre, c'est qu'il était arrêtable. Arrêtable à tout instant comme la vie, la mort. Ça s'arrête quand on arrête. Et c'est la doublure de tout.

On était heureux, on se tenait au bout des yeux, on se tenait par les yeux au bout des yeux.

Sa mort a été, en un sens, décidée, pas du tout parce qu'on aurait arrêté les soins comme on le fait aujourd'hui, une sédation profonde, etc. Simplement parce que j'ai arrêté de le regarder. Après trois ou quatre médecins de ville incompétents et peureux (l'hospitalisation à domicile a le devoir de ne vous en indiquer aucun), enfin une femme médecin, intelligente, comprenait ce qui était en train de se passer. Un jour, elle m'a dit : « Il est *très* fatigué. Il n'en peut plus. Arrêtez de le regarder. Laissez-le partir. » J'ai arrêté de le regarder, et il est parti.

Sa sœur notre voisine descendait avec, comme chaque semaine, un gâteau qu'elle venait de cuire pour les enfants. J'étais debout sur le seuil de la maison, elle était sur le seuil du jardin, avec son gâteau et son mari, j'ai murmuré :

« Peut-être pas de gâteau, Étienne est mort. »
Elle est repartie. Voilà.

« La mer allée avec le soleil »

C'est un an plus tard que je me suis sentie vraiment posée par terre, c'est-à-dire que mon deuil a commencé. Le rapport entre la vie et la mort est temporalisé énergétiquement. Je ne sais rien des mystiques, des philosophies alternatives, je ne crois pas au karma. Je ne crois pas en Dieu. Je ne crois à rien. Si je croyais en quelque chose, ce serait dans la beauté du monde, donc dans les dieux qui l'incarnent, dans le paganisme violent de l'Antiquité : je crois « plus » en Apollon et Dionysos, les dryades, les néréides et les nymphes, mais *croire* n'est pas le bon mot. Ce sont des métaphores qui me conviennent, liées à la sensibilité païenne au monde. Naturellement mienne est cette porosité perpétuelle qui caractérise Homère : Ulysse *polutropos*, « aux mille tours », ruses formes et manières, est un lion des montagnes, c'est un dieu des champs du ciel dès qu'il prend un bain et que la grâce est versée sur sa tête, et Nausicaa, « que tu sois femme ou déesse », c'est le jeune fût d'un palmier. Celui qui arrive en face peut toujours être un dieu : c'est le vrai paganisme, cette force que je sens. Je croirais volontiers que cette circulation de forces était sensible entre Étienne et moi, justement parce que c'était un autre ; quand il arrivait à cheval, c'était un dieu qui savait s'y prendre, et il pouvait enseigner à chevaucher le sourire du chat dont parle Lewis Carroll.

    La beauté du monde. Elle va avec le fait d'être vivant, d'être humain, animal, végétal, minéral aussi bien, aussi bien sauvage qu'hypercivilisé, être de langage, être de pure force. Un nœud qui fait monde, monde habité, vie, basse fondamentale de la perception du monde, qui fait que je suis là devant une mer d'un bleu éblouissant de profondeur, dont je sais que si on la découpe elle a des entrailles de raisin et que c'est comme ça qu'il faut en parler, parce qu'un coin de beauté contient tout dans la lumière, celle des mortels. Devant le tombeau qui l'accueillait provisoirement, la file d'inconnus vêtus de noir que je découvrais en train d'attendre le long de la route notre corbillard qui avait des heures de retard sous le soleil de midi, je ne pouvais laisser cela sans mots, juste avec le bruit technique du descellement de la porte du tombeau. Les seuls qui me sont venus, c'étaient : « Elle est retrouvée. Quoi ? L'éternité. C'est la mer allée avec le soleil. » Rimbaud, sa dent douce à la mort.

    Païens nous étions dans cette mortalité de mortels, tels seulement parce que les dieux immortels en sont jaloux. Ils jalousent cette mortalité qui aiguise toutes les sensations, aiguise tous les amours. Nous n'avons pas besoin de cavaler comme eux, nous pouvons aimer. C'est cela dont ils sont jaloux, les dieux, c'est cela que l'on sent quand quelqu'un qu'on aime est en train de mourir : on est aiguisés, affûtés. Cette entre-perception, entre Étienne et moi, dans ces mois de mortalité aiguë, était affûtée par la mort entre la vie et la mort. « Sublime » est le bon mot, avec « subliminal » : on est juste à une lisière, et cette lisière ouvre tout. On est donc infiniment riches, infiniment féconds, infiniment heureux.

Sa dent douce

Mon frère vient de mourir. Il avait sept ans de plus que moi. Jusque vers douze ans, je dormais dans sa chambre rue Pergolèse. Plus d'une nuit, il m'a réveillée en criant : « Barricade la fenêtre, barricade la fenêtre ! » La première fois, je me suis levée en émoi. Personne à la fenêtre, elle était bien fermée. Je le lui ai dit. Il a hurlé : « Barricade la porte, barricade la porte ! » La porte de notre petite chambre était fermée. Parfois je disais : « C'est bien barricadé » en me rendormant entre les deux.

Nous avons parlé de cela, dont il ne se souvenait pas, de la manière dont il me lançait une balle que je devais bloquer entre lit et fauteuil, dont je ne me souvenais pas, je finissais par pleurer, les parents intervenaient, mais, disait-il doucement au téléphone, j'étais quand même une adorable petite sœur. Ses derniers coups de téléphone quand il était hospitalisé, oh si brièvement, avant de mourir en quelques jours, volontaire et beau. Le dernier de tous : nous étions partis pour le voir, Samuel conduisait Paris-Toulouse d'une traite. À cinq heures, son fils Laurent me l'a passé. Nous serions là-bas à huit heures. Jacques avec sa voix de toujours m'a demandé si je voulais bien qu'il ne m'attende pas. Ses trois enfants étaient dans la chambre, sa compagne allait arriver dans un instant. Il souffrait trop.

Le bonheur, sa dent douce à la mort. J'avais déjà choisi ce titre, pour d'autres raisons mais les mêmes évidemment, d'autres occurrences des mêmes raisons, passées, et non moins à venir. Mon frère n'a cessé de me dire qu'il était heureux, et même follement heureux dans son dernier bout de vie, et qu'il voulait cette chance absolue de mourir heureux. Sa compagne (c'est un mot que je déteste, compagne compagnon, j'aime amant, mec, jules etc., mais pourquoi beurké-je « compagnon » ? « Compagne » vaut un peu mieux parce que « ma femme » est quand même choquant, et « mon épouse » franchement laid), sa compagne était son premier amour, retrouvé cinquante ans plus tard par la grâce d'un tournoi de bridge, et elle savait dire

dire d'une voix de soie : « Jacques, on me l'envie beaucoup. » Dé-céder, partir (« le tragique chez nous c'est que nous quittions tout doucement le monde des vivants empaquetés dans une simple boîte », ou pire cendrés dans une urne qu'il faudra ranger), tout doucement gardant l'empreinte du bonheur. Dans la lumière du matin, quelle que soit l'heure.

Notes

1. *Lingua Tertii Imperii* et *Journal d'un philologue*. Voir Erik Rydberg, *Zeitgeist. Vocabulaire des anti-Lumières*, LitPol, 2019, p. 9s.
2. Martin Heidegger, *Questions* IV, Gallimard, 1976, p. 296.
3. Cours du semestre d'été, Niemeyer, 1952 : *Introduction à la métaphysique*, trad. G. Kahn, Gallimard, 1967, p. 105.
4. Cours du semestre d'été 1930 : *De l'essence de la liberté humaine. Introduction à la philosophie*, trad. E. Martineau Gallimard, 1988, p. 57s. (= GA 31, Klostermann, 1982, p. 50s).
5. De *Si Parménide*, P.U.L./M.S.H., 1980, à *Parménide, Sur la nature ou sur l'étant, la langue de l'être ?*, Seuil, « Points bilingues », 1998.
6. La phrase se trouve dans « Sur le *Vathek* de William Bedford », une préface à l'ouvrage pour une édition publiée en 1943.
7. Platon, *Cratyle*, 387c puis 428d.
8. Gilles Deleuze, *Pourparlers*, Minuit, 1990, p. 177.

9. *Ley de obediencia debida*, promulguée en juin 1987 par Raúl Alfonsin, qui amnistiait de fait tous les militaires s'étant rendus coupables de crimes sous la dictature en Argentine de 1976-1983. Elle fut abrogée en 2003.
10. André Van In, *La Commission de la vérité*, film documentaire, 1999.
11. Paul Ricœur, « Avant la justice non violente, la justice violente », dans *Vérité, réconciliation, réparation*, dir. B. Cassin, O. Cayla, Ph.-J. Salazar, Seuil, « Le Genre humain », 2004, p. 159-171 (ici 161 puis 163).
12. Émile Benveniste, *Vocabulaire des institutions indo-européennes*, Minuit, 1969.
13. André Lalande, *Vocabulaire technique et critique de la philosophie*, 9ᵉ éd., PUF, 1962, p. XII-XIII [1ʳᵉ éd., 1927, dernière édition en date « Quadrige », 2010].
14. Martin Heidegger, *Introduction à la métaphysique*, trad. G. Kahn, Gallimard, 1967, p. 154.
15. Sophocle, *Antigone*, vers 360-362.
16. *La Crise de la culture*, trad. dir. P. Lévy, Gallimard, 1972, p. 260.
17. G.W.F. Hegel, *Principes de la philosophie du droit*, « La moralité objective », trad. André Kaan, Gallimard, 1940, p. 208-209.
18. Le tremblement de terre de Pampa Salinas, le 15 février 1972, atteignit 5,8 sur l'échelle de Richter.

Principaux ouvrages parus

Si Parménide, P.U.L.-M.S.H., 1980.

Positions de la sophistique, dir., Vrin, 1986.

Le Plaisir de parler, dir., Minuit, 1986.

Ontologie et politique. Hannah Arendt, dir., Deuxtemps Tierce, 1989 (repr. *Politique et pensée. Colloque Hannah Arendt*, Petite Bibliothèque Payot, 1996).

La Décision du sens, avec Michel Narcy, Vrin, 1989.

Nos Grecs et leurs modernes, dir., Seuil, 1992.

L'Effet sophistique, Gallimard, 1995.

Aristote et le logos. *Contes de la phénoménologie ordinaire*, PUF, 1997.

Parménide, Sur la nature ou sur l'étant. *Le grec, langue de l'être ?*, Seuil, « Point bilingues », 1998.

Voir Hélène en toute femme. D'Homère à Lacan, illustrations de M. Matieu, Les Empêcheurs de penser en rond, 2000.

Vérité, réconciliation, réparation, dir. avec O. Cayla et Ph.-J. Salazar, Seuil, 2004.

Vocabulaire européen des philosophies. Dictionnaire des intraduisibles, dir., Seuil-Le Robert, 2004, nouvelle édition augmentée, 2019.

Google-moi. La deuxième mission de l'Amérique, Albin Michel, 2007.

Avec le plus petit et le plus inapparent des corps, Fayard, 2007.

L'Appel des appels. Pour une insurrection des consciences, dir. avec R. Gori et C. Laval, Mille et une nuits, 2009.

Il n'y a pas de rapport sexuel. Deux leçons sur « L'Étourdit » de Lacan, avec A. Badiou, Fayard, 2010.

Heidegger, le nazisme, les femmes, la philosophie, avec A. Badiou, Fayard, 2010.

Jacques le Sophiste, Lacan, logos et psychanalyse, Epel, 2012.

Plus d'une langue, Bayard, « Petites conférences », 2012.

Genèses de l'acte de parole dans le monde grec, romain et médiéval, dir. avec Carlos Lévy, Brépols, 2012.

La Nostalgie. Quand donc est-on chez soi ? Ulysse, Énée, Arendt, Autrement, 2013.

Derrière les grilles. Pour en finir avec le tout-évaluation, dir., Mille et une nuits, 2014.

Sophistical Practice: Toward a Consistent Relativism, Fordham University Press, 2014.

L'Archipel des idées de Barbara Cassin, Éditions de la maison des sciences de l'homme, 2014.

Philosopher en langues. Les intraduisibles en traduction, dir., Éditions de la Rue d'Ulm, 2014.

Les Intraduisibles du patrimoine en Afrique subsaharienne, dir. avec D. Wozny, Démopolis, 2014.

Les Pluriels de Barbara Cassin. Le partage des équivoques, colloque de Cerisy, dir. Ph. Büttgen, M. Gendreau-Massaloux, X. North, Le Bord de l'eau, 2014.

La Rhétorique au miroir de la philosophie, dir., Vrin, 2015.

Psychanalyser en langues. Intraduisibles et langue chinoise, dir. avec F. Gorog, Démopolis, 2016.

Après Babel, traduire, dir., Actes Sud-Mucem, 2016.

Éloge de la traduction. Compliquer l'universel, Fayard, 2016.

Les Routes de la traduction. Babel à Genève, dir. avec N. Ducimetière, Gallimard-fondation Martin-Bodmer, 2017.

Quand dire c'est vraiment faire,
Homère Gorgias et le peuple arc-en-ciel,
Fayard, 2018

Homme, femme, philosophie,
avec Alain Badiou,
Fayard, 2019

Table

PRÉSENTATION
De l'anecdote à l'idée............... 9

I

COMMENT TU T'APPELLES ?
– Sur la famille, l'argent, la religion, la vérité, ou les Caroli, les Cassin, les Legendre –

« VOUS AVEZ LES PLUS BELLES JAMBES DU MONDE. VOUS SEREZ MA FEMME OU MA MAÎTRESSE »..................... 13

Pas ça pas moi, 13 – L'idée ou l'effet, 15 – Un dandy et une orpheline, 18 – « Tais-toi donc, l'ouvreuse se trompe ! », 26

« MOI, ÉPOUSER UN JUIF ? JAMAIS ! ».... 30

Le mensonge, un art de combat, 30 – « Menteur ! », 37 – L'universel de quelqu'un, 40 – « Baptiser mes enfants ? », 43

« PAS DE FOND, PAS DE PLAFOND » 48

« Clous », 48 – Trois fois, c'est l'infini, 51 – « Voilà ce qu'est devenu l'amour de ma vie », 55 – Enracinés nulle part, 59

« J'AIME QUAND TU AS LE CORPS GAI » .. 61

Autorisation générale, 61 – « Des sous pour le péage », 63 – « Voir Hélène en toute femme », 64 – Barbara Bla bla bla, 68

II

« AVEC UN INSTINCT SÛR »

– Sur la philosophie, la poésie, la philologie, ou Char, Heidegger, Bollack –

AVOIR POUR MÉTIER SA PASSION 77

Socrate ? Un Athénien, 77 – Un jour un texte, 82 – Le jeu de cartes dans la main, 84 – « Les abeilles de l'horizon », 87 – Je préfère rater – « I would prefer not to », 89 – Miss Nouilles, 95

« VOUS CHOISIREZ VOTRE SIÈGE » 100

Es gibt, il y a, 100 – Peut-on être autrement présocratique ?, 105 – Homère sous Parménide, 108 – « Vous prenez votre petit déjeuner à la table de ce nazi ! », 110 – « Avec un instinct sûr, vous choisirez votre siège », 113 – « Un bref et lisible chemin de terre », 115 – « Poète, un rossignol », 118 – « Deux bonnes machines à coudre », 119 – Effacement du peuplier, 121 – « Je n'ai pas le temps, j'attends », 122

« IT'S NO GREEK »   125

Philologie et sophistique, 125 – « Entièrement d'accord avec vous. Jean-François Lyotard », 129 – Philologie des impôts, 134

III
« QUE PENSEZ-VOUS DE CE QUE VOUS VOYEZ ? »
– Sur la psychanalyse, le jugement, la traduction, ou Lacan, Mandela, le *VEP* –

PARLER EN SON NOM   141

La matière des sons, 141 – « Con-cierge », 145 – Donnant donnant, 150 – « Comme c'est gentil de me reconnaître », 152 – « La présence du sophiste à notre époque », 155

« À L'ÉCHELLE D'UNE NATION »   158

Une vérité ironique, 158 – Équation amorale, 161 – « How to turn... » et le petit écriteau, 164 – « Vous l'avez garrottée ? — Oui », 168 – Serait-ce que le goût..., 173

ENTRE ET AVEC.   178

Un dictionnaire de sophiste, 178 – « C'est le livre que j'attendais ! », 181 – « Plus d'une langue » !, 183 – « Ah ! », 186

IV

« LAISSEZ-LE PARTIR »
– Sur la ruse, l'autre, la mort,
ou Ulysse, Étienne, Pino –

PANTOPOROS APOROS, PASSER OÙ IL N'Y A PAS
DE PASSAGE 191

Ils ne savent pas qu'ils vont mourir, 191 – Une mêtis sans les mots, 197 – Voir avec les yeux du cheval, 199

LE BESOIN D'AUTRE 201

Parce que Étienne est bon, 201 – « Interdit aux enfants », 204 – « Ne dis pas de bêtises, elle est si gentille ! », 207 – Un autre entre autres, 210 – « Là, tu t'arrêtes », 212 – Il faut que tu me racontes le monde, 216

À ÉTIENNE, SANS LEQUEL 217

Hospitalité corse, 217 – « Je continuerai à jouer à la balle au chasseur », 220 – « Non ! », 223 – Avoir deux pieds, 228 – « La mer allée avec le soleil », 230 – Sa dent douce, 232

Notes 235
Principaux ouvrages parus 237

Composition et mise en pages
Nord Compo à Villeneuve-d'Ascq

Cet ouvrage a été imprimé en France par
CPI Brodard & Taupin
Avenue Rhin et Danube
72200 La Flèche (France)

pour le compte des Éditions Fayard
en août 2020

Fayard s'engage pour
l'environnement en réduisant
l'empreinte carbone de ses livres.
Celle de cet exemplaire est de :
0,950 kg éq. CO_2
Rendez-vous sur
www.fayard-durable.fr

PAPIER À BASE DE
FIBRES CERTIFIÉES

N° d'édition : 85-6048-8/01 - N° d'impression : 3039105

Oct